THE POWER OF FAMILY EDUCATION
THOUGHTS FROM 10 PARENTS OF MIT STUDENTS

家庭教育的力量
十位麻省理工学生家长的教育手记

主　编◎（美）孙红丹

副主编◎周和平　（美）章诗若　（美）傅雪梅

电子工业出版社
Publishing House of Electronics Industry
北京·BEIJING

未经许可，不得以任何方式复制或抄袭本书之部分或全部内容。
版权所有，侵权必究。

图书在版编目（CIP）数据

家庭教育的力量：十位麻省理工学生家长的教育手记 /（美）孙红丹主编. —北京：电子工业出版社，2020.1
ISBN 978-7-121-37612-2

Ⅰ. ①家… Ⅱ. ①孙… Ⅲ. ①家庭教育 Ⅳ. ① G78

中国版本图书馆 CIP 数据核字（2019）第 262722 号

策划编辑：贾　贺
责任编辑：贾　贺　刘　芳
文字编辑：仝赛赛
印　　刷：天津画中画印刷有限公司
装　　订：天津画中画印刷有限公司
出版发行：电子工业出版社
　　　　　北京市海淀区万寿路 173 信箱　邮编：100036
开　　本：720×1000　1/16　印张：15.75　字数：220 千字
版　　次：2020 年 1 月第 1 版
印　　次：2020 年 1 月第 1 次印刷
定　　价：88.00 元

凡所购买电子工业出版社图书有缺损问题，请向购买书店调换。若书店售缺，请与本社发行部联系，联系及邮购电话：（010）88254888，88258888。
质量投诉请发邮件至 zlts@phei.com.cn，盗版侵权举报请发邮件至 dbqq@phei.com.cn。
本书咨询联系方式：（010）88254506，jiahe@phei.com.cn。

精彩书评

书中十位家长的家庭教育方法虽然各有千秋,但他(她)们的孩子都殊途同归,被 MIT 本科录取。这也说明优秀人才的培养没有固定的模式——条条大路通罗马。

——MIT 终身教授、斯隆管理学院前副院长　**黄亚生**

能够去上自己梦寐以求的大学,除了运气和努力,家长多年的呕心沥血、因材施教起了很重要的作用。今后社会的发展,需要既掌握科技知识又具有创新精神的国际化人才来推动。相信书中多个不同类型的成功案例,会给广大读者以启发和借鉴。

——MIT 工程学院院长顾问　**李　颖**

这么多年,在中国面试了这么多学生,我认识了好多优秀的孩子和他们的家庭。我坚信这样的人才的培养,绝对离不开优秀、睿智、民主化的家庭教育。我为这十位 MIT 校友的家长愿意分享家庭教育的细节而兴奋,也从中看到了很多我们自己家庭经常出现的细节。我相信《家庭教育的力量》一书能够给很多中国的家庭带来启发和提升!

——中国 MIT 前总面试官　**蒋佩蓉**

这是一群有心的 MIT 父母，他们满怀感恩，记录下孩子成长的故事。每个家庭都有自己的挑战，每个孩子成长的轨迹都不一样。不管是阳光开朗，还是害羞内向，他们被好奇心驱使不断探究自然的奥秘，更是胸怀世界、心有大爱。我为这些学弟学妹们感到骄傲，也好奇是什么样的家庭教育，培养了如此优秀的年轻人？牛娃养成有什么秘诀？在这个快速变化的时代，有没有不变的教育方面的真谛？

读完此书，对这些问题你也许会有更好的答案；更能重拾信心和喜悦，目送孩子们渐行渐远的背影。

——Y-CITY 全球创新学院创始人、中国教育三十人论坛执行秘书长　石　岚

大家能看到的是孩子学业成功的结果，看不到的是背后家庭教育的过程，这本书讲述的就是那些父母与孩子们的故事。

——蓝橡树创始人　张伟琪

在全球化的今天，一贯高度重视教育的中国父母，正在探索结合东西方文化、理念和实践精髓的教育之路。本书中，十位家长卓有成效的中西方教育探索经历，显然提供了更宽广的视角和极具价值的范例。

——外滩教育主编　黄　晔

书中的十个家庭和家长所践行的教育理念，培养出的孩子不仅是传说中的超级学霸，而且喜欢读书，善于思考，有理想，有追求。他们是现代家庭教育的成功典范，值得推荐给广大读者学习和参考。

——公众号"留美学子"创始人、著名美国教育作家　陈　屹

十位家长用朴实无华的笔墨，将真实的切身感受、宝贵的育儿经验分享给大家，我相信，无论是对孩子寄予殷殷期盼的父母，还是正在努力追求梦想的青少年，都能从本书中获得启迪与力量。

——中央广播电视总台央视少儿频道主持人　阳光姐姐

编委会成员

主　编　（美）孙红丹

副主编（按姓氏笔画排序）

　　　　周和平　（美）章诗若　（美）傅雪梅

编　委（按姓氏笔画排序）

　　　　刘军涛　周骏健　（美）钱革非

　　　　（美）章珍珍　（美）傅雨虹　（加）蔡越越

家庭教育的力量
十位 MIT 学生家长的教育手记

编者的话

在 MIT 十位家长的积极努力和配合下，经过三年多的不懈坚持和耕耘，《家庭教育的力量：十位麻省理工学生家长的教育手记》终于与广大读者见面了。作为本书的主编，我感到无比激动和荣幸。

这本书是国际化家庭教育的一场盛宴。十位 MIT 学生家长倾心分享了他们科学培养孩子的理念和方法。

这不是一本普通的家庭教育图书，而是聚焦 MIT 学生群体形象，向读者展示了他们从少儿时期到成功被 MIT 录取等关键阶段的成长轨迹。其中也承载了 MIT 的招生原则、办学理念，传达着精英教育的信息。

本书的主人公六位女孩、五位男孩，分别来自中国、美国和加拿大，从公立学校到顶尖私立学校，这些普通家庭中平凡的孩子，经过家长的培养和自身的努力，走进了顶尖的科学殿堂。他们虽然具有不同的特长和特点，却有很多相似之处：卓越的学习能力，特别是超强的自学能力；不畏艰难，勇于挑战，刻苦钻研，勇攀高峰；无比坚强的毅力和意志力，助人为乐的品质！

感谢孩子们的付出和成长！这是我们作为家长出版这本书最大的宿愿和共同的心声，也是献给孩子们成长最好的礼物！

感谢十位家长的倾心分享，让我们真切体会到家庭教育的力量！本书的十位作者中有六位妈妈、四位爸爸，虽然他们拥有不同的职业和生活背景，却都是孩子们的良师益友。在家庭教育方面，他们有着共同的特点：深谙东西方教育和文化的共性和差异，与时俱进，将其精髓与孩子的家庭教育有机地结合，既重视培养孩子的智力因素和驾驭知识的能力，又注重孩子非智力因素的培养和发展，这是成才的关键。他们非常接地气的教育理念和实践，宽广的视野和格局，在孩子成长中所起到的作用和扮演的角色，无疑能带给无数家长和家庭以启发、帮助和反思。

本书的作者章珍珍和章诗若是亲姐妹，她们分别培养出不同凡响的两个姊妹；傅雪梅的一儿一女先后考入 MIT。

特别感谢我的大儿子 Tim，Tim 对本书的出版给予了极大的关注与支持。很早以前，很多家长看到他的进步和发展，多次建议我写一本书，记录他是如何成为优秀学生和青年企业家的。Tim 就读的 Phillips Academy 私立高中和 MIT 大学的精英教育实质就是培养学生们的社会影响力，引导更多的家长用正确的方式和方法培养孩子，让更多的学生不断超越自我，自立自强！

感谢 MIT 的召唤和培养！Tim 从小怀揣求学 MIT 的梦想，是他的梦想带领我们走出舒适圈，孟母三迁，移民多个国家，成就他的理想和追求。由衷感谢 MIT 带给我们的一切，特别是他在 MIT 所受的熏陶、影响和教育，在他未来的发展中发挥了很大作用,他决定努力回馈社会。

历时三年,我们完成了本书的组织和创作工作,也见证了自己的成长!为了更好地完成这本书的创作,我先后购买和翻阅了国内外几十本有关家庭教育的书籍,做了线上、线下几十场关于"家长与时俱进,与孩子共同成长""课外活动,伴随孩子一生成长"为主题的讲座。

在 2018 年圣诞节前夕,我致信 MIT 校长 L. Rafael Reif:

为了弘扬 MIT 精神,感谢 MIT 培养和塑造了年轻一代,我们十位家长肩负着 MIT 的使命感和责任感,联合创作了《家庭教育的力量》这本书。MIT 学子和校友们,不仅拥有最强大脑,而且具有坚强的毅力和改变世界的勇气和力量。无疑,这本书的出版,将作为连接 MIT 人才与成千上万中国学生的纽带和桥梁。同时为了报答 MIT 对孩子们的培养和教育,家长们一致决定将稿费一半的收入捐赠给 MIT。

我也万分荣幸地收到 Reif 校长的回信:

祝贺你和其他父母完成这本书,我非常感谢你和其他父母,汇编 MIT 英才的故事和经验。这本书是这些杰出而才华横溢的年轻人所产生的影响的绝妙描述,这也为进一步加强麻省理工学院与中国之间的联系和发展提供了令人兴奋的机会。我很感动你计划将图书收入的一半捐赠给 MIT。请向所有慷慨的家长们表示我深切的感谢!也非常期待早日看到这本书!

家庭教育是永恒的话题,孩子的成长和发展离不开社会、学校和家庭的相互影响和共同努力,家长要身先士卒跟上社会和时代的发展步伐。在新时代的背景下，培养和塑造具有全球视野的 21 世纪人才意义更加非凡。这本书对家长、学校、学生本人都非常有借鉴意义。

作为业余作者，我们有自己的本职工作，加之写作水平有限，给出版社的编辑和修改工作带来了诸多不便和困难。我们由衷地感谢电子工业出版社贾贺编审、刘芳编辑和仝赛赛编辑耐心和细致的工作，是她们的努力坚持使本书能够顺利出版。

在此书出版之际，我代表写作团队，感谢为本书赠言的各位 MIT 校友及社会知名人士！衷心感谢你们的大力支持！

亲爱的读者们，我们十位家长热切期待我们的倾心、倾情分享能够帮助更多的家庭和孩子！并欢迎你们提出宝贵的意见和建议！

孙红丹

于美国波士顿

2019 年 10 月 1 日

我心中的 MIT

在马萨诸塞州，美丽的查尔斯河边，坐落着两所全球顶尖的大学，其中一所是哈佛大学，另外一所就是成立于 1861 年，占地 68 公顷，被誉为"世界理工大学之最"的麻省理工学院 (Massachusetts Institute of Technology， MIT)。与哈佛大学雄伟庄严的维多利亚风格建筑不同的是，MIT 校园建筑更像是由各种工业化模块组装起来的大工厂。然而，就是这样一个类似大工厂的地方，云集着各种各样的技术大咖，是全球计算机学界和工程技术界当之无愧的圣地。

因为 MIT 在工程技术研究方面地位超然，人们习惯性地把它当作一所单纯的理工科院校。然而与大家的习惯认知不一样的是，MIT 是一所不折不扣的综合性大学。它在社会科学上的繁荣和发展与它的治学思想息息相关。MIT 除了重视培养学生注重社会需求，强调科技创新之外，还十分注意培养学生的人文素养、社会责任感和领导能力。该校本科共有 48 个主专业及 56 个副专业，除了计算机及工程学在全球范围享有极佳的声誉之外，社会科学方面的成就也不容小觑，管理学、经济学、哲学、政治学、语言学方面也都成就斐然。多年以来，MIT 在各种大学排行榜上一直稳居前十。在 2016—2017 年度的世界大学排名中，麻省理工学院位列 QS 世界大学排名第一、US News 世界大学排名第二，在《泰晤士高等教育》公布的世界大学声誉排名中，麻省理工学院排名世界第二，仅次于哈佛大学。

作为一所一流的私立大学，顶尖的教学质量是它生存的保障。MIT 通过先进的教学理念和不断的课程创新，一直在美国的高等教育中处于领先地位。MIT 的校训是：Mens et Manus（拉丁语），翻译成中文是脑和手的意思，即强调学生要手脑并用。MIT 的师生也时刻牢记这个校训，用自己充满创意的聪慧大脑和灵巧的双手，在人类通过技术改变世界的道路上做出了突出的贡献，这一点我们可以通过一组统计数据看出来，有 85 位诺贝尔奖获得者曾经或者正在 MIT 工作。目前正在任教的包括：10 位诺贝尔奖（Nobel Prize）获得者、两位千禧科技奖（Millennium Technology Prize）得主、10 位国家科学奖（National Medal of Science）得主、21 位麦克阿瑟奖（MacArthur Fellows Program）获得者、两位普利策奖（Pulitzer Prize）得主。MIT 不仅在基础研究领域遥遥领先，师生们的应用性发明也数不胜数，在互联网、浏览器、电话、电磁、雷达、高速摄影技术、办公室复印机、癌症治疗、计算机、人类基因序列的破译、激光、时空穿梭等方面，MIT 都做出了不可磨灭的贡献。

其创新性研究不仅走在学术的前端，还通过成果转化极大地改善了我们的生活。它开创的以高校为主导的大学、政府、工业界联合的创新创业模式也同样举世瞩目。其创新成果转化产生的社会经济效益战果辉煌。全球有三万多家公司由 MIT 校友创办，这些公司所创造的年产值高达 1.9 万亿美元。其中最为著名的是林肯实验室（Lincoln Lab）和媒体实验室（Media Lab）。林肯实验室成立于 1951 年，它的基本使命是把最新的电子研究成果应用到国家安全领域，它通过在基础研究的领先地位支持着庞大的应用创新研究，在计算图形学和数字信号处理方面做出过突出的贡献，并把这些技术成功地应用于防空系统、空间监控、导弹防御、战场监控、空中交通管制等领域，成为事实上的美国军事电子系统的大本营。与主要服务于国防领域的林肯实验室不同，成立于 1985 年的媒体实验室致力于设计、多媒体及科技等方面的技术转化。它的主要着眼点在于应用设计和技术解决社会问题。媒体实验室和其他实验室不同的地方在于，它由一群由激情和兴趣驱动的计算机科学家、工程师、设计师、艺术家、生物学家通过跨学科、跨领域合作，在一种开放、互动的环境中共同解决让人类变得更强大、更聪明、更健康这一重要课题。我们耳熟能详的无线网络、无线传感器、网络浏览器等，都是媒体实验室的研究成果，这些成果和我们每个人的生活都息息相关，正在无所不在地影响着我们的生活。

　　MIT 取得的巨大成就得益于它独特的培养理念和教育思路。MIT 将大学的教育职能与社会的文明进步紧密地联系在一起，除了在技术上追求卓越之外，它还致力于培养能够担负社会责任的领袖人才，学生们刚一入学，就被灌输强烈的责任感和使命感，以及手脑并重、关注现实、勇于创新的理念。在这个理念的指导下，MIT产生了不可计数的发明创造，它的毕业生成为各行各业的领袖，在社会上成就斐然。

2017年的新生入学典礼上，MIT校长发表了如下讲话，突出了MIT在人才培养理念上的精髓所在："在MIT，你的关系和出身背景都不重要，关键是你要有所贡献。"他要求学生要奇思妙想、要拥有创造力，而且要通过勤奋努力把这些想法付诸实施。

2017年，MIT共有学生11376名，其中本科生4524名（国际生430名），女生占46%，少数民族占34%；研究生6852名（国际生2876人），女生占34%，少数民族占18%。在教学上，MIT对学生高标准、严要求；在科研上，MIT打破学科分界，集思广益。MIT的教育目标是保证学生毕业时可以成为某个领域的专家。为了保证教学质量，它的本科教育师生比高达1∶3，这种很高的师生比例让在这里学习的每一个学生都可以得到足够的关注，这也成了高难度学业要求的有力保障。MIT的课业非常繁重，在学业上为学生设立了严格的规定，各种考试一个接着一个，学生要想在这些考试中取得良好的成绩，必须投入大量的时间学习，而只有在每次考试中都表现优异，最后才能在这门考试中获得高分。除了传授书本知识之外，学校还设计和组织了大量旨在提高学生实践能力的活动，给学生提供足够的实战空间，让学生在实践中学习，在实践中创新。其中最成功的要数创立于1969年的本科生科研计划（Undergraduate Research Opportunity Program，UROP）。UROP旨在支持本科生和教授之间的科研合作，目前是美国最成功的本科生研究计划。

除了对学生个人进行扎实的基本功训练之外，MIT 还特别强调学生的团队合作精神，注重培养学生的沟通能力。在 MIT，许多学术任务都不是一个人单打独斗完成的，而是需要小组合作完成。除了与同专业的人合作完成某一项目外，不同学科间的合作和融合也很常见。目的在于通过开放的办公环境，尽最大可能地促进多学科的交叉，消灭学科的分界线。不同学科的教授和学生可以经常交谈并协同合作，讨论新的思想、发现、技术和疑难问题，在多学科互动中共同解决问题。这些合作和互动产生的思想火花有时甚至能影响一个学科乃至整个社会的进展。

如果因为 MIT 硕果累累，对社会贡献巨大，就认为 MIT 的人是一群板着扑克脸，只知道辛勤工作，不会休息和娱乐的人，那你就大错特错了。每次路过麻省理工学院校园，总能看见一群行色匆匆的学子，偶尔在图书馆或咖啡厅的长椅上，还能看到在抓紧时间打个小盹来弥补睡眠不足的学生。高难度的课程、严格的要求，让学生们的生活充实而忙碌。然而，在学习之外，学生们也会利用各种各样的方式来减压。MIT 式的恶作剧成为学校的亚文化。当年我们参观学校，带领我们的学生导游说起建校 100 多年来经典的恶作剧时，绝对是满怀骄傲和兴奋的，桩桩件件说得如数家珍。但是不同于社会上的恶作剧，这些天才们的恶作剧有两个特点：一是构思奇特，二是执行过程中需要用到很多科学知识和计算。MIT 校园中的恶作剧如此盛行，以至于校规里还有"我们理解并宽容学生们有创意的恶作剧"这样的话。当然，这些恶作剧都是动脑又动手的，充分体现了校训的精神，同时也让学生们在紧张的学习之余得到一些放松。这些恶作剧背后体现的其实是学生们的巨大创意和动手能力，它带给人们的启示是"科学是有趣的，创意是无限的"。

这就是我眼中的MIT，一个宽容而又严谨，充满着活力和创造力的地方。

傅雪梅

2019 年 10 月

目 录

第一章
从典型的理工男到全面发展的CEO　（美）孙红丹 / 01

第二章
快乐地进入MIT　周和平 / 27

第三章
追梦的女孩　（美）章诗若 / 51

第四章
努力吧！孩子，你将不平凡！　（美）章珍珍 / 71

第五章
相信你的孩子　刘军涛 / 95

第六章
从游戏迷到计算机学者　（美）钱堇非 / 117

第七章
人生百般滋味，需要微笑面对　（美）傅雪梅 / 135

第八章
多才多艺的理工女　（美）傅雨虹 / 165

第九章
快乐可以成才——耐心陪伴数学女娃的成长　（加）蔡越越 / 185

第十章
剑指长空——在杭州长大，在MIT成熟　周骏健 / 213

家庭教育的力量
十位 MIT 学生家长的教育手记

第一章

从典型的理工男到全面发展的 CEO

（美）孙红丹

Tim Zheng 出生于中国，六岁半跟随父母来到美国，小学阶段又跟随父母从美国移民到加拿大和瑞典，接着从瑞典返回加拿大，在初中六年级又来到了美国波士顿。Tim 八年级时代表马萨诸塞州（简称麻州）参加美国初中数学竞赛（Math Counts），十一年级时被全美排名第一的私立高中 Phillips Academy Andover（安多弗私立高中）录取时，这已是他上过的第十一所学校。该校对他的评价是："让大家欣赏他数学方面的才华，分享他在这个年纪就有的四个国家的生活阅历和学习经历。"

Tim 在高中阶段就开始创业，在家里自办暑期数学班，分享他的奥数比赛经验。他从安多弗私立高中毕业后，被 MIT 提前录取，同时被斯坦福大学正式录取。在 MIT，Tim 学习数学、计算机及金融专业，收获了知识、人脉、实习经验和工作，并继续创业，开始做 K-12 线上教育课程。从 MIT 毕业后，工作不到一个月就辞去了梦寐以求的金融公司的高薪工作，开始全职创业。从波士顿到上海，从硅谷到旧金山，都留下了他的创业足迹。他三次取得美国数学奥林匹克（USAMO）参赛资格，先后五次参加美国及全球著名的创业大赛，获得了大量融资。现在他创立的软件公司初具规模。Tim 从一名典型的理工男成长为一位全面发展的 CEO。

一、少儿时期注重能力的培养 四两拨千斤

◎ 常年坚持亲子阅读 培养好的学习方法和习惯

Tim 在中国长春出生，从小我们就非常重视他的早期教育和智力开发。记得我父亲经常说的一句话：人的可塑性很强。从 Tim 1 岁开始，每天晚上临睡前，我都教他识字和阅读。我们像做游戏一样，在床上摆满了识字卡片，就这样日复一日，学习内容积少成多，Tim 不到 2 岁就可以认识 200 多个汉字。更重要的是，他养成了良好的学习习惯，每天晚上的识字时间是他最为期盼的时光。

这种亲子学习一直持续多年，从识字开始，逐渐过渡到读书。我还特别注意培养他的学习能力和有效的学习方法。教他认识和理解新概念，引导他集中注意力，训练他的观察力和记忆力、总结能力和复述能力等。为了培养他的总结能力，我使用带有插图的益智类和侦探类的故事书，根据书中的内容，经常讲着讲着，我把书合上，问他我在前边都讲了什么，让他总结和复述一下。刚开始的时候，他只能复述书中简单的内容。我就把前边讲到的内容再简单地复述一遍，他在听我讲后面的内容的时候，就慢慢地非常专注了，并认真理解他所听到的内容。就这样，经过反复的训练，他听讲的时候注意力格外集中，慢慢地就能把基本内容记住，并能用他自己的语言复述下来，总结出这个故事的主要内容。总结能力的提高在他后来的学习和工作中起到了非常重要的作用，Tim 听完一场几个小时的讲座后，很快就能总结其中的观点，获取他需要的信息。在他自己讲话时，也表现出观点鲜明、有洞察力、高度概括的特点和思维能力。

为了训练 Tim 的专注力，我也采取同样的办法。给他讲故事时，经常讲着讲着，突然就把书合上，问他一些问题，如果我讲的时候他注意力不集中，就记不住细节，无法回答问题。注意力异常集中能力的培养使他受益终身，你看他刚刚还在与人说话，瞬间就可以手捧计算机，旁若无人地进入到学习或工作的状态当中，这极大地提高了他学习和工作的效率。

我观察很多家长教孩子数数都是从"1"开始的，但我教学时，是从"0"开始的，我告诉他"0"就是没有的意思。Tim 融会贯通，每次吃完饭都拿着空碗告诉我："妈妈，饭吃完了，没有了，是'0'的意思。"我教他数数的时候，不仅从少往多数，也从多往少数。数到"0"，再往下数是"-1"，告诉他"-1"的意思就是自己没有了，从别人那里借来的，借此引导他理解负数的概念。

我经常一边教他读书，一边教他写字。教他写字的办法不是将生字写在纸上，而是让他闭上眼睛，在空中写字的同时口中复述这个字的笔画和读音。这样，他在学习写汉字时，就不会感到枯燥、乏味。引导他读书时，我特别注意动词和形容词的积累及运用，让他收集很多动词和形容词卡片，经常引导他用正确的动词或形容词替换书中的相应词汇。这样摸索出的一些行之有效的学习方法，大大地激发了他的学习兴趣，提高了他的学习效率。

经常听家长说，他们在孩子身上花了很多时间来陪读。其实很多家长只是花时间，机械地看着孩子阅读，没有使用科学的学习方式和方法帮助孩子进行有效的学习。在陪读过程中，我会根据每本书的内容和特点，选择精读或泛读两种不同的阅读方式，而不是一概而论，泛泛地讲解。对于经典图书和书中的经典内容，会引导孩子进行精读，反复阅读，帮助孩子加深理解。因此，有的书在一周之内每天都要读，甚至能够背下来；如果孩子对有的书非常感兴趣，也可有选择地作为精读的书籍。精读是在泛读的基础之上进行阅读，而泛读就像海绵吸水一样，只有读了一定的量才能把知识挤出来，转化为自己的知识。如果只注重精读而不注重泛读，没有一定的积累，阅读能力和阅读速度就提高得很慢；如果只注重泛读而不注重精读，只是看热闹，囫囵吞枣，阅读能力和理解能力就很难得到质的飞跃。只有在泛读的基础之上进行精读，才能提高阅读速度和质量，提高理解能力、思考能力和写作能力。

每天45分钟的亲子阅读，不仅为他今后的求学之路打下了坚实的根基，更增进了我们母子之间的感情，那段宝贵的童年和少年的时光是我们彼此无比美好而难忘的记忆。

◎ 从小培养对科学的热爱

Tim 从小就对科学产生了浓厚兴趣，曾看过许多册《十万个为什么》。但这些都是纸质书，插图少，内容枯燥，对文中所阐述的内容，特别是一些无法用文字来形容的科学现象，只能靠自己的理解和想象。

Tim 上小学三年级时，我们全家搬到加拿大渥太华，当时加拿大电视台每天在学生放学以后的时间段里播放美国科学教育电视系列节目 *Bill Nye the Science Guy*（《比尔·奈 科学家》）。这对从小就喜欢科学的 Tim 来说，无疑是一套不可多得的学科学、用科学的好教材。他如获至宝，每天放学必看，实在太喜欢了，索性就用录像带把每一集内容录制下来，并贴上每一集的标签，一有时间就反反复复地看。如此痴迷，以至于他对每一集里所播放的不同题材的内容都达到了倒背如流的程度。

这套美国科学教育电视系列节目和丛书包含人类学、生物学、物理学、天文学等学科的知识，不仅为 Tim 学习科学知识打开了一扇窗，进一步增强了他的求知欲，更极大地提升了他的理解力和想象力。Tim 在四年级的一篇作文《light》中，将浩瀚宇宙及各大行星写得妙趣横生。看了他的作文之后，我强烈地感觉到与孩子相比，自己懂得的知识太少了。

◎ 少儿时期三个国家的移民经历　宝贵的精神财富

与其他同龄孩子相比，Tim 的少儿时期有着独特而又艰辛的成长经历。他6岁半来到美国，只居住了两个多月，就跟随我们移民到加拿大。在加拿大上学不到一年，又跟随我们移民到了瑞典。只在瑞典居住了半年，在大雪纷飞的一月份，由我只身带着 Tim，毫不犹豫地又回到加拿大，我至今还清晰地记得姐姐全家和我先生在机场送行的情景。后来，我先生也回到加拿大工作，虽然当时生活也很安逸，但总感觉这里的学术环境、科技创新能力、人文环境、学习氛围和条件与 Tim 要考入 MIT 的梦想实在相差太遥远。尽管在当时看来，能够实现这个梦想纯粹是天方夜谭、痴心妄想。因此，当我们拿到加拿大公民的身份之后，就立即来到美国工作和生活。

Tim 从小学一年级到五年级的时间里跟随着我们经历了多国的移民生活，体验了多个国家的学习、生活和文化。在 2000 年，我们终于在美国波士顿定居。我们家的搬迁是跨国家、跨地域的，这与孟子的母亲为了给孩子提供更好的教育环境，为了孩子更好的前途和发展不停地搬迁，有着异曲同工之处，是现代版的孟母三迁。Tim 在少儿时期亲身体验父母移民生活的艰辛，也看到和学到了父母是如何一次次地站在人生的十字路口做出重大的人生抉择的！这就是我们作为第一代移民带给孩子们最为宝贵的精神财富——视野、勇气和胆略！

◎ 体育精神的培养，从小胖子到长跑健将

Tim 上六年级之前，在加拿大学过的唯一一项体育运动就是跆拳道，可是，

他在训练时心不在焉，也不肯花力气。为了帮助他有效地学习，我们给他买了全套的跆拳道录像带，但他一点儿都不感兴趣。每次上课，其他同学都精神抖擞、摩拳擦掌地训练，他却敷衍了事，一点儿兴致也没有，我真是又气又急。后来在中文学校打篮球，也是在外场跑来跑去，总是摸不到球，又不积极主动地去奔跑、拼抢。所以，当他六年级来到美国上初中时，由于缺乏体育运动和锻炼，是个不折不扣的小胖子。来到波士顿一年之后的暑假里，他原来加拿大的小伙伴前来看望他。一年没见面了，他的小伙伴长成了大孩子，比他高出大半头，再戴上墨镜，真是帅极了！我想Tim当时对比自己的身材和精神面貌，一定会感到自惭形秽、无地自容。Tim果真意识到了自己的差距与不足。自从他的小伙伴走后，他就主动地在小区的室外游泳池开始练习游泳。我们当时没有为他请游泳教练，也没带他参加游泳队的训练，由他自己学习和练习。他从开始时的不知所措，到暑假结束时，能在25米长的游泳池一次游50个来回。新学期开学时，他的个子长高了，身体结实了，也明显地消瘦了，圆脸变成了长脸，黝黑黝黑的脸上镶嵌着一圈"游泳镜"，同学们看到他都认不出来了。紧接着，他又开始在小区里练习跑步。七年级时他每天只能跑400米，到了九年级他每天都可以跑1万米。有时候，他在前边跑，我们开车在后边跟着为他录像，以便纠正他的跑步姿势。

MIT申请文书里要求写一篇100字以内的短文，题目是：We know you lead a busy life, full of activities, many of which are required of you. Tell us about something you do for the pleasure of it.（我们知道你过着繁忙的生活，奔走于各种活动，其中许多都是你需要的，告诉我们有哪些事情是为了乐趣而做。）

在这篇短文中，Tim以他常年坚持跑步锻炼作为主题：跑步不仅能够锻炼身体，提高学习和工作效率，缓解压力，在跑步时还能思考问题。

每天坚持跑步的这个好习惯一直伴随他至今，不论工作多么繁忙，不论严冬酷暑，他始终坚持不懈。他经常劝我："妈妈，你跑步吧！跑步看上去很累，但它却像充电一样，越跑越有劲，越跑精力越旺盛。"现在 Tim 住在温度适宜的旧金山，每天跑步上下班。强壮的体魄是他拼命工作的本钱！

二、数学竞赛获奖 带给他自信

◎ 像一匹黑马冲进麻州初中数学竞赛决赛

人的一生会发生许多看似偶然实则必然的事情，充满了传奇的故事和乐章。Tim 的数学之路，成就了他的人生梦想，但是这一切的发生似乎非常偶然。

Tim 从加拿大来到美国波士顿读初中六年级时，他所在的公立初中并没有注册美国初中数学竞赛（Math Counts），只注册了州立级别的数学比赛（Math League）。Tim 的数学水平只处于学校数学队的 C 队，甚至连代表学校参加校际比赛的资格都不具备。

一个十分偶然的机会，我们买下了临近镇上的一所房子。Tim 不得不在八年级开学时，告别与他刚刚熟悉的老师和同学，依依不舍地转到新的初中。在这个年级转学，无疑会给孩子的学习和心理带来压力和负担，对孩子在学业和交友等许多方面带来的诸多不便，是很大的挑战和考验。然而非常幸运的是，这所新学校注册了美国初中数学竞赛，并且负责竞赛的老师是一位经验丰富、责任心强、快到退休年龄的老教师。在这位老师的指导下，Tim 如鱼得水，完全沉浸在数学竞赛的训练之中。每天下午 3 点钟放学回家，就开始忘我地做作业和历届美国初中数学竞赛题。

按照美国初中数学竞赛规则，无论是个人参赛还是团体参赛，首先由每个学校比赛胜出的前4名选手组队后，去参加地区赛。入围地区赛前4名后，再晋级到州立赛，州立赛胜出后，才能参加全国竞赛。Tim犹如一匹黑马，从对数学竞赛一无所知的新手，到第二年5月份神奇地闯入麻州前4名，代表麻州参加当年在芝加哥举办的全国初中数学竞赛。这对刚刚开始准备参加比赛的八年级学生来说谈何容易？！短短几个月时间，他是多么认真、多么刻苦、多么忘我地练习各种类型的数学题。他是多么珍惜这可贵的学习机会，又是多么努力拼搏啊！

◎ **狂练数学，机会总是留给有准备的人**

尽管已经过去了十多年，但Tim备战麻州初中数学竞赛的情景至今还记忆犹新，历历在目。

当时正值3月份，学校放了两个星期的春假，Tim准备利用这个假期备战麻州初中数学竞赛的决赛。我们知道，TIm作为八年级才第一次参赛的同学，能够进入州里决赛前4名的入围的可能性很小。但Tim全然不顾这些，每天照旧高强度地练习五六个小时。他用计算机设置计时器，以督促自己争分夺秒地练习，以适应竞赛对做题时间的严格要求。我们买了一大箱打印纸，当作他演算用的草纸。两周的假期结束时，Tim几乎用尽了一箱白纸，做了两三千道历届美国初中数学竞赛的考试题。

功夫不负有心人！在短短两周的时间里，经过大量练习，他由最初每套试卷中的30道题可以做对10道题，到后来竟可以做对23~25道题。Tim有幸成为这次比赛的第四名，代表麻州参加美国初中数学竞赛。

Tim参加美国初中数学竞赛后，对数学产生了浓厚的兴趣，在九年级时就以A+（97分或以上）的优异成绩完成了当时所在公立高中九至十二年级的全部数学课程，并在十年级时通过了 AMC10（America Math Contest 10）、AMC 12（America Math Contest 12）和 AIME（American Invitational Mathematics Examination）等一系列数学竞赛，并在高中阶段，以高分的成绩，三次获得美国数学奥林匹克（USA Math Olympia，简称 USAMO）的资格。每年全美国只有竞赛中的前 250 人可考取这个比赛的资格。

为了准备数学竞赛，更好地适应数学竞赛的难度，Tim 购买了一整套适用于美国数学竞赛的丛书 *Art of Problem Solving*，这套丛书包括以下几部分，有四千多道练习题。

1）初级阶段：*Prealgebra*(《前代数》), *Introduction to Algebra*(《代数导论》), *Instruction to Counting & Probability*（《计数与概率指导》）, *Introduction to Geometry*（《几何导论》）。

2）中高级阶段：*Intermediate Algebra*（《中级代数》）, *Intermediate Counting & Probability*（《中级计数与概率》）, *Precalculus*（《前微积分》）, *Calculus*（《微积分》）。

3）竞赛准备：*AoPS Volume 1: The Basis*。

4）基本比赛：*AoPS Volume 1: And Beyond*。

根据 Tim 的学习和参赛经验，如果能把这套数学丛书的知识学懂、弄通，刷遍这四千道习题，一定能够达到数学竞赛的水平。同时，数学竞赛网站 www.artofproblemsolving.com 上提供了非常优质的数学竞赛资源，学习者可以在线上课，其中很多授课老师都拥有数学竞赛经验，还有的老师曾经参加过国际数学奥林匹克竞赛。

三、从菲利普斯高中到 MIT　从男孩到男子汉

◎ 同时被菲利普斯高中（PA）和埃克塞得私立高中（PEA）录取

每年的 3 月 10 日是美国寄宿私立高中录取发榜的传统日子，这一天，几家欢乐几家愁。在 2005 年的这一天，我们收到了 PA 和 PEA 两所学校的录取通知书，并得到了 PA 董事长奖学金（Tang Scholarship）。我当时激动得热泪盈眶，感激之情无法用言语表达，从内心里由衷地感谢 PA 董事长唐先生及那些提供奖学金的校友和家长们，让一位有强烈进取心、敢于迎接各方面挑战的学生如愿以偿、梦想成真！Tim 将要在 PA 开启他十一年级崭新的学习生活，这也是他从小转辗几个国家所上的第 11 所学校。

PA 董事长奖学金是由 PA 董事长 Oscar Tang 捐款并授予的奖学金，每年 2000 名申请者中只有 10 人能获得，获得该奖学金是一种殊荣。唐先生是早年从上海来美国留学的华人，对 PA 的建设和发展做出了卓越的贡献，多次为学校捐款，金额高达五千万美元，并且捐建了唐氏剧院（Tang Theater）。他十分关心奖学金获得者的表现，每年两次召集他们共进晚餐，了解他们的学业和其他各方面的发展情况。在 PA 2007 年毕业典礼上，唐先生为全体毕业生发放毕业证书。毕业典礼结束后，我们全家特意与唐先生合影留念，真诚地感谢他在 Tim 成长过程中给予的资金帮助和精神鼓励！

◎ 在 PA 的学习和成长经历

十一年级时，Tim 从普通的公立高中考入 PA，如何尽快地适应那里的学术

课程、课外活动和住校生活，无疑是一个巨大的挑战。

PA 是以文科见长的学校，一个典型的理工男要想在历史和英语等文科课程方面达到学校的一定要求，无疑需要付出更多的努力。其他同学只需五六个小时就可以完成一份读书报告，Tim 却要花费 20 多个小时。难能可贵的是，Tim 知道如何寻找解决问题的办法，他在英文写作上花费的时间，比在其他所有理工科课程的总时间还要多。他也经常寻求老师和同学的帮助，起初老师给他的作文提出的修改意见，比他写的作文内容还要多。凭借不断的钻研、努力，按照老师的修改意见写好文章中的每一个词、每一句话，终于，他的英语课程像理工科成绩一样得到了老师的认可，得到了满分。无疑，在 PA 学习所收获的扎实的写作功底和深厚的人文修养，养成了批判性思维的习惯，有了独立思考的能力，为他在今后的发展起了推波助澜的作用。

虽然 Tim 错过了在 PA 九年级、十年级的宝贵学习时间，但凭借他在数学思维方面的优势和大量习题打下的坚固基础，使得他的物理、化学、生物、经济、计算机等科目取得了班级里最高的成绩。他还以 6 分的成绩完成了大学二年级的线性代数（Linear Algebra）、多变量微积分（Multivariable Calculus）、微分方程（Differential Equation）课程。在多变量微积分的课堂上，班上一共只有三位同学，授课教师是数学博士，曾是美国数学竞赛的出题老师。这门课程最后进行的考试不是笔试，而是证明题的口语答辩，以此考查学生的实力。

Tim 在 330 名高中毕业生中学习成绩排名前 10%，获得了"The CUM LAUDE SOCIETY"的优秀毕业生荣誉。他只申请了 MIT 和斯坦福大学两所大学，被 MIT 提前录取和斯坦福大学正常录取。在 PA 的学习经历使他不仅在学术方面，更在人文素养方面得到了全方位的提升，使他有了强烈的进取心和社会责任感，并扩大了格局，拓宽了视野，为他一生的发展打下了坚实的基础。

四、十年级暑期实践活动 伴随一生的成长经历

◎ 16 岁创办暑期数学夏令营，分享奥数比赛经验

Tim 自八年级起到高中，在一系列全国和地区的数学竞赛中多次获奖。很多家长都前来问我，Tim 是如何在这么短的时间内取得这么突出的数学竞赛成绩的。特别是在十年级时，Tim 被 PA 和 PEA 这两所最顶尖的私立高中同时录取，家长们纷纷前来祝贺并取经。这时，我突然萌发了让他办个暑期数学夏令营的想法，让 Tim 给那些喜欢数学的同学分享学习和比赛经验。于是，我就与 Tim 商量说："当初我们是在你六年级时来美国的，对美国任何数学竞赛的信息都不了解。如果我们能够及早地了解这方面的信息，并接受数学方面的思维和能力的训练，那么你的学习，特别是数学的学习，一定能够更上一层楼。"然而，Tim 对我的这个想法感到不可思议，半信半疑地问我："我是一名高中生，不具有教师资格，会有学生来上我的数学课吗？"我说："没问题！虽然你不具有教师资格，但你多次参加数学竞赛，更加了解学生在学习过程中的困惑和需求。你所教的数学课程不是学生在学校所能够学到的普通的数学课程，而是学校老师不教的数学竞赛内容。"但是，Tim 的爸爸并不是很赞同，担心办培训班会耽误时间，影响他的学习。其实现在看来，这个担心还是有一定道理的。我们当时没有深入地了解 PA 的课程及难易程度，误以为与公立学校的课程难度相差不多。直到我的小儿子九年级入学 PA，我们才意识到，当初 Tim 十一年级才入读 PA，在学业上面临的是多么大的挑战。在那个暑假，他的确应该好好学习，弥补普通公立高中与 PA 私立高

中在课程设置上的差距，特别是英文和历史课程。好在当时 Tim 所就读的是公立高中，十年级的功课对他来说非常轻松。他每天下午 2 点放学后，快速地完成作业，就开始收集各种资料和习题，编写从小学二年级到高中十二年级暑期数学课程的教学大纲。课程内容以美国奥数竞赛中一系列的强化训练为主，从简单的州际初中数学竞赛，到美国初中数学竞赛，再到 AMC8、AMC10、AMC12。为了保证教学质量，他采用小班制教学方式，每个班级最多有 4 个年龄和学习程度差不多的学生。为了巩固学习效果，他根据自己的比赛经验，给学生留下很多课后作业。Tim 做什么事情都非常认真，追求完美，准备好课程以后，还让我和他爸爸试听，给他提出我们的意见和建议，以提高教学质量和教学水平。我大力支持他的工作，一边大张旗鼓地为他做招生宣传工作，一边将我们家的半地下室装修为教室，并置办座椅、黑板等教学用品。

麻雀虽小，五脏俱全。开设这个小小的暑期数学夏令营，不仅需要 Tim 做课程设计、作业布置和批改等工作，还要做大量的组织和管理工作。当时正值假期，有的学生参加了其他夏令营，有的回国探亲，有的旅游度假，经常听见他与家长商量更换课程时间等问题。这对 Tim 来说，协调时间远比教学要麻烦得多。这就要求他不仅要具备驾驭知识的能力，而且要具备沟通和协调的能力。经过 Tim 的不懈努力，暑期数学夏令营进展得井井有条，每位学生都收获很大，赢得了非常好的口碑。

北美发行量最大的中文报纸《世界日报》的记者为此对他进行了电话采访，并做了题为"16 岁少年创办暑期数学夏令营，分享奥数比赛经验"的报道。在采访过程中，他介绍了创办暑期数学夏令营的由来、经历、教学准备和教学体验。当他谈到在这次夏令营中的收获和感想时，他若有所思，非常感慨地说："通过教学，我理解了以前并不十分理解的知识和内容。同时，我的组织能力、沟通能力和领导能力都得到了一定程度的提升。我可以利用数学方面的优势和特长帮助其他同学，其他同学也可以用自己的特长和能力去帮助他人。"

让人更加欣慰的是，暑期数学夏令营的创办，对他以后的人生产生了深远的影响，第一次创业的成功经验，改变了他的职业方向和人生轨迹，这也是他从MIT毕业后敢于辞去工作的最强大的信心源头。有了这段经历，他无所畏惧，因为即使创业失败，也可以通过做数学培训谋求生计。由此可见，家长应该积极鼓励孩子多参与课外活动，培养孩子的各方面的素质和能力，这对孩子一生的成长和发展都可以起到不可估量的作用。

◎ **课外活动在大学申请文书中的完美展示**

Tim创办暑期数学夏令营的初衷，是为了分享数学比赛的经验，让更多喜欢数学的同学有机会深入了解各类数学比赛。没想到这项具有特色的暑期社会实践活动还可以完美地体现在MIT及斯坦福大学的申请文书中。

2007年MIT的申请文书中有一篇选择性作文：展示或告诉我们任何一件属于你自己的创造，例如一个设计、一个产品、一个事件、一个想法、一个概念、一部音乐或艺术作品。（Show us or tell us about something that you have created. This can be, for example, a design, a device, an object, an idea or concept, a piece of music or art.）

在这篇作文里，Tim介绍了自己在过去两年的暑期里，创办暑期数学夏令营的经历，还介绍了他为什么做这件事，什么是他自己创造的，对他人有什么影响和帮助，他自己是如何寻找大量的资源，如何组织教学的。他不仅为社区做出了贡献，自己也广泛地接触了社会，各方面能力都得到锻炼和提高。斯坦福大学的申请文书题目之一是：你在过去的两个暑假有意义的经历。对 Tim 来说，这两篇作文的内容同出一辙。

谁说江山易改，本性难移？通过组织这样的社会活动，Tim 的性格得到了磨炼，能力得到了提高。他从一个不爱与人打交道的典型理工男，成长为一名有高度责任心，有一定组织能力和领导能力的男子汉，为今后创立自己的事业奠定了基础。

五、MIT 不仅成就了儿时的梦想，更让理想放飞

◎ 通过大量的阅读养成思考的习惯

法国启蒙思想家卢梭说："在儿童时期没有养成思考的习惯，将使他此后一生都没有思考的能力。"思考不局限于书本上的习题或作业，更应渗透在日常生活中。父母应引导孩子在生活中思考，让他们自己做各种选择，鼓励他们对生活中的很多事情发表见解，这样才能使他们成长为一个会思考的人。

Tim 在 MIT 学习的是数学与计算机专业和金融专业，但是，在他每年暑假搬回家的一筐一筐的书里，几乎看不到他所学专业领域的书籍，更多的是社会科学方面的书籍，其中很多是亚马逊网站和《时代周刊》推荐的畅销书。

即使是阅读社会科学书，Tim 的读书方法也无不充满了学术性特点，也就是所谓的书生气十足。记得在 2009 年暑假期间，我们全家去加拿大旅游。在驱车前往多伦多的路上，Tim 就开始兴致勃勃地阅读刚刚出版的新书 *The 7 Habits of Highly Effective People: Powerful Lessons in Personal Change*（《高效能人士的七个习惯：个人改变的强大课程》）。在疾速行驶的汽车上，Tim 聚精会神地读书，

并不停地在书上圈画着重点内容，在空白处记录他的阅读感受，还不停地与我们分享他在阅读中的见解和体会。在旅游期间，他一有时间，就拿出这本书来看，并且真正落实到实际行动中。书中提到的七个习惯中，第一个习惯就是：最重要的事情要先做，加强时间管理和项目管理，让有效时间发挥最大的效益和成效。这使他做事情的效率得到极大的提高。

纵观他留在家里的书籍，大部分是关于领导力、交流能力、思考方法、交友方法的，这些书从侧面反映出他的价值观、人生观、世界观的形成和发展的过程，也不难看出，他个性的改变与读书和思考有着密切的联系。

短短几年内，通过阅读大量社会科学方面的书，并通过读书不断地学习、反思和思考，Tim 从一个只关注科技和金融的大学生，逐步发展成为关注社会发展，努力解决社会现实问题的创业青年。

◎ 成长性思维带给他成长

Tim 的朋友对他的评价是：Tim 从 18 岁到 28 岁这十年的成长历程，对其他很多人来说是几十年的成长过程。Tim 能够短时间内获得长足进步的一个主要原因就是他的成长性思维：对任何事情都抱着乐观的态度，从解决问题的角度看事情，对他人善意的批评和建议总是怀有感激之心，态度谦虚，而不是强词夺理地进行反驳。

他经常说的一句话就是：True, you are right！这种实事求是、虚心好学的态度，使得很多人喜欢他、尊重他，也乐于帮助他、支持他。

2013 年，Tim 终于下定决心回国创业，在上海创办了一家公司。当时正值十一国庆期间，我去看望他。记得当时我们和许多朋友一起吃晚饭，席间，我开始询问他公司的开展和运营情况。他介绍说："产品已经设计出来了，但编程人员的工作进度跟不上，以至于影响整个产品的进度。"我问他："这位核心编程人员现在在哪里？"他说："十一国庆放假回老家昆明了。"我就问他："能否试着给这位编程人员打个电话，让他提前回来，跟上工作进度？"这时，坐在我旁边的朋友在桌子下面用手碰我，暗示我不要再问了，其他的朋友也给我使眼色，他们担心 Tim 在我的质问下，下不来台。一起进餐的朋友当中，不乏有多年公司管理经验的领导，特别是有经营和管理初创公司经验的朋友，还分享了她在公司管理方面的经验和创建企业文化的方法。不一会儿，只见 Tim 站了起来，拿起手机，出去给那位编程人员打电话，在座的朋友一致"谴责"我，埋怨我太过分，不给孩子留面子。我向大家解释说："这是公司的规章制度，每个人都应该遵守，公司支付这位编程人员那么高的工资，他又不能按时完成工作，必须有个说法。否则，不仅影响整个公司的经济效益，对其他员工的工作情绪也会带来不良的影响，更何况这是初创公司，还没有盈利。"过了一会儿，Tim 回来了，他说，那位员工根本就没回昆明，明天就可以来公司和他一起加班，把落下的进度赶上来。事后，Tim 由衷地对我说："妈妈，您这次来上海，对我的帮助很大，使我对公司的经营和管理有了进一步的认识和理解。"我对他说："公司要想运营得好，不能单纯依靠每个人的自觉性、积极性和工作热情。你作为公司的管理者，一定要制定有效的管理制度、奖励机制和处罚机制。"我非常了解 Tim，他对待工作积极、努力，对自己要求非常严格，但也时常认为所有人都会像他一样刻苦努力，自觉自愿地忘我工作。Tim 原本有很多理由拒绝我的"干涉"，所幸他乐于虚心听取他人的意见。这种开放的态度，再一次帮助了他。

在 Tim 很小的时候，我一直教育他要虚心向他人学习，时常给他讲"三人行必有我师"的典故。Tim 上初中时，有两位非常要好的同学。一位同学擅长体育，从小喜欢踢足球，在高中一直兼职做足球裁判，动手能力很强；另一位同学能言善辩，口才很好。我经常告诉 Tim，虽然你学习成绩比他们好，你的头脑可能比他们聪明，但他们具备非常强的动手能力、语言表达能力和思辨能力，每个人都有不同的长处，你要学会向他人学习，这是人生的态度。果不其然，如今这两位同学，一位在著名的医学院学运动医学，一位已从著名的法学院毕业。

再比如日常生活中的小事，Tim 在编程时经常驼背，一有机会我就提醒他：长时间坐在电脑面前，日子久了，这种不良坐姿会给身体造成很大的伤害。他每次不但不觉得我啰嗦，还很感激我，他说："妈妈，真是谢谢您，别人不会提醒我，我一定要改正！"所以，他经常照着镜子，纠正他的坐姿和站姿。Tim 不仅对我持这种虚心的态度，对老人、小孩、同龄人亦是如此，对他的老师、导师、投资人更是虚怀若谷。对他的弟弟，不仅是兄长般的手足之情，无比关爱，同时更像是一位人生导师，在学业、生活、课外活动、未来发展方向都给予了全面的指导，真是长兄如父，经常令我为之动容。Tim 以开放的胸怀去接纳他人，受到了大家的一致尊重和喜爱。在与人交往中，他努力克服自身的弱点，使自己不断完善和提高，使自己更具有人格魅力！

"思维灵活，能够摆脱自己的偏见，用他人的观点看问题。"这就是他的成长性思维，他后期的发展能够远远超过我们的预期，与他的思维模式有很大的关系。

◎ 多彩多姿的学习与生活——商业导师项目

Tim 2007 年入学时，我们听说 MIT 将要启动一个"培养全球工程师领袖"的导师项目，拟在 MIT 招收 20 名对工程学科感兴趣且有相关显著成就的学生的学生参加。很多著名的大公司，如福特汽车公司、英特尔、IBM 的高管甚至技术总裁，将作为导师对入选的学生进行指导，他们定期与被选拔上来的学生交流，学生有任何问题也可直接咨询他们。多么难得的学习机会！遗憾的是，Tim 是数学竞赛的背景，在工程专业方面不具备申请条件和优势。

然而幸运的是，Tim 在 MIT 获得了另一个对他成长非常有帮助，也十分难得的跟着专业导师做项目的机会。华尔街金融投资界有一对非常成功的夫妻，他们虽已退休，却出资五十万美元，在全球最好的八所商学院中，分别挑选三名学生，由他们夫妻担任导师，在投资组合、交易等金融投资方面手把手地对通过选拔的学生进行培训。Tim 有幸作为 MIT 斯隆商学院被选入的三名学生之一，参加了这个培训项目。在培训过程中，导师会让学生阅读他所出版的有关投资方面的书籍，并定期地邀请学生到他纽约的家里做客。还多次组织这些学生在纽约乘坐游轮，并邀请华尔街精英们在游轮上给他们讲授金融投资课，与他们一起交流和探讨。通过一系列面对面的专业知识的讲解和引导，同学们不仅有机会深入了解金融行业的各方面知识，还能更加透彻地理解书本上所学到的知识，并运用专业知识来解决实际问题，同时对金融行业的工作有了进一步的了解和认识，对未来在金融领域的学习和工作都有很大的帮助。同时，他从成功人士身上学到帮助他人的使命感和回馈社会的责任感。

◎ MIT 丰富的同学和校友资源

Tim 与他在 MIT 期间的同学和校友，特别是朝夕相处三年的室友，不仅结下了深厚的友情，而且对他一生的发展都产生了深刻的影响。他们之中有的是超级学霸，有的是市值百亿美元的上市公司总裁。

一位室友从大二开始和他住在同一寝室，他们一起度过了三年难忘的大学时光。这位室友是 MIT 当年 1100 位本科毕业生里唯一一位，在 MIT 学习四年期间，拿到本科双学位和研究生双学位的学生。他可以做到每个学期同时修11门课程，GPA竟可达到4.93/5之高。大家公认MIT在全球最难就读的大学中排名第一，其课程任务之重，学习压力之大，考试难度之大，作业强度之大，在美国大学里首屈一指。在MIT修6门课，就会忙得天旋地转。即使按照学校要求，最少修4门课程，学生也会忙得团团转。在MIT主楼77 Massechuset Ave（麻州大道77号）的一楼走廊里，陈列着一套消防栓救火装置，但这不是用来救火的，而是用来形容MIT知识传输过程的。在MIT，知识不是一勺一勺地喂给学生，或一碗一碗地灌输给学生，而是像消防水龙头一样，喷如泉涌。以此形容探索和求解无穷无尽知识的学习态度，鼓励学生在浩瀚的知识海洋里，在科技发展一日千里的今天，从容面对，不畏艰辛，奋力搏击，争创辉煌。

很多同学从高中过渡到大学，要经过一段时间才能适应大学高强度、高灵活性的学习方式。大学教授讲课时只提纲挈领地点到为止，作业、项目及考试都需要靠自己云里雾里地去查询，上下求索，特别是在MIT这类课程压力大的理工科大学。Tim经历了PA这样的大学预备学校的紧张学习，再加上他在PA所打下的扎实的功底和掌握超前的课程进度，很快就适应了MIT的学习和生活。就读于MIT的学生在第一年学习期间不选专业，考试没有具体分数要求，而是按照通过和不通过来考核。所以，Tim在MIT的第一年，没有特别集中精力学习，放松了对自己的严格要求。

有一次我给他打电话，他说马上就要轮到他上台演出了。我问他："有没有搞错，你跳的是哪门子舞？有多少其他更重要、更有价值的事情可以去做？"可他不以为然，觉得很有意思，还经常和同学们在一起打桥牌。直到大二，他非常幸运地与前面提到的那位学霸成为室友，其学习能力和学习态度让Tim感到由衷的钦佩和震撼。他这才如梦初醒，至今还追悔莫及，后悔当初不应该那么逍遥自在，浪费了很多宝贵的时间和精力。他从这位室友身上学到了如何以小时为单位进行时间管理，如何进行精力管理，在什么状态下做什么事情。

Tim 最后下定决心，辞去入职不到一个月的高薪金融工作，孤注一掷地去创业，这位室友起了决定性的作用。

此外，对 Tim 影响非常深刻的还有他的校友，著名上市公司 Dropbox 的创始人，也是 MIT 建校 152 周年毕业典礼上最年轻的演讲嘉宾。现在他的公司已经上市，市值 120 亿美元。他每年暑假都来宿舍看望这些学弟们。他比 Tim 大 4 岁，Tim 曾几次单独和他一起吃饭，与他深入交流，从他的身上感受到了创业的激情，也学到了宝贵的创业经验，深受鼓舞和鞭策。

无论是在纽约各大金融公司实习，还是在麻州和加州创建公司，这些同学和校友都给予了 Tim 热情的支持和帮助，充分体现了 MIT 校友之间的团结和力量。

六、创业是人生新境界

◎ **辞掉梦寐以求的高薪金融工作，专注创业**

Tim 只工作了不到一个月，就在室友的"怂恿"和"蛊惑"下，毅然放弃了曾经梦寐以求、经过考试和八轮面试得来的工作，并退回了几万美元的签约奖金。这对于刚刚走出大学校门，找到第一份工作的学生来说，需要的可不是一般的胆量、勇气和决心。

我们本来打算让他先工作一段时间，观察他所建立的网站的运营情况，也了解一下他在公司工作的进展，然后再做决定。同时，我们也非常理解 Tim，对他来说，辞职是早晚的事情，但没想到这一天这么快就到来了。他突然间从一位令人羡慕的金融工作人员，变成了无业人员。尽管他的网站已上线运营了，但距离盈利还有相当大的距离，所承担的风险也很大。

作为家长，我们刚刚支付完他大学四年的学费，又对他创办网站倾囊相助，他的辞职对我们来说无疑是雪上加霜。

Tim 辞职回家后，每天不分昼夜地工作。而且一脸严肃，与以往在家里轻松自然、春风得意的神情大不一样。每当看到这一情形，我心里就不是滋味，经常在夜里突然醒来，为他的前途担忧。

◎ 从参加数学竞赛转而参加美国著名的创业大赛

Tim 没有按照传统的路径发展公司，而是通过参加美国一系列的创业大赛，争取加入孵化器创业导师项目，吸引投资人进行投资。他实现了从参加美国奥林匹克数学竞赛到全球创业大赛的成功转变！

Tim 辞职后不久，参加了在麻州波士顿举办的两个非常著名的全球创业竞赛 TechStars 和 MassChallenge。他的项目是以线上教学为主，覆盖数学、物理、化学、生物和科学几大科目，并附有配合知识点的大量练习题。在 MassChallenge 的创业大赛中，这个项目从上千个项目中脱颖而出，进入到前 30 名的半决赛，但遗憾的是，没能进入到前 10 名的总决赛。

◎ 孵化器公司：初创公司的摇篮

CK-12 是美国专门从事中小学教育的孵化器公司，创立于 2011 年下半年。创业团队在加州硅谷，由 4 位导师组成。Tim 打造的第一个教育产品有幸入选，所以他成为该公司 2012 年初的第二批学员，他在加州硅谷和其他 10 支入选的团队接受了为期 4 个月的训练。Tim 辞职的半年后，马上进入了这所社会大学深造。

至今让我记忆犹新的是，要申请这个孵化器项目，要求每位参赛者录制 90 秒的视频，介绍个人、团队和产品的情况，及产品未来的发展潜力和空间，以充足的理由去打动投资人。为了这 90 秒的录像，Tim 反反复复地练习了整整一个晚上，直到在截止时间的前几分钟，才不得不把录像递交出去。我在旁边有意无意地听着，几乎快把他的解说词背下来了。真是功夫不负有心人！Tim 终于有机会参加 CK-12 孵化器培训了。

在孵化器培训过程中，Tim 从导师和团队成员那里学到了第一手的宝贵经验，包括如何回复电子邮件，如何做市场调研和分析，如何发现和解决顾客的痛点，如何寻找潜在的客户等。也结识了许多教育领域内的创业伙伴，每周还有一位成功的企业家来讲创业经验和经历。他们还定期与投资人见面，了解市场发展动态和趋势。长达 4 个月的强化培训及与各界人士的广泛交流，无疑为他后来连续创业打下了基础。

2014 年，Tim 第一次带着他的项目参加 YC（Y Combinator，成立于 2005 年，美国著名创业孵化器）创业大赛，他之前没有告诉我，赛后才告诉我他的项目没有被选入决赛。我当时认为，这种比赛是创业者们的盛会，创业者来自世界各地，带着"像自己孩子一样的项目"来参加比赛，没有被选上是很正常的。到了 2015 年，Tim 再次打电话告诉我，他的项目已经进入决赛时，我发自内心地祝贺他取得了这么好的成绩。当时正值 YC 成立 10 周年，据记者报道，10 年前，投资人很少参加这种投资项目，随着近年来科技的迅猛发展，YC 越来越得到投资者的追捧和青睐，这一届 YC 更是盛况空前，会场上座无虚席，很多投资人席地而坐，像星探一样寻找着自己所熟悉领域的创业者。当时最大的一笔投资竟达 2 亿美元，用于设计和制造飞机的一种新型材料。

Tim 通过这届孵化器的入围，成为了 YC 的校友，毫无例外地得到了大量投资者的青睐，的确也得到了可观的投资数额。

◎ **失败，是走向成功的必经之路**

Tim 自 2011 年辞职创业，从美国的波士顿、硅谷和旧金山到中国的上海都留下了他的创业足迹。虽然创业时间不长，但他设计产品的能力很强，从 2011 年到 2014 年曾做过 4 个教育产品，有的产品被其他公司收购，有的产品被租赁，但在上海的创业项目却失败了。当初，他的第一个创业项目是围绕美国的线上教育，当时在中国很少有人开展。经过一段时间的思考，他打算回到中国，看是否有更大的发展机会。有一天，他非常真诚地跟我说："妈妈，你们那时也太勇敢了。英语不好，又没有钱，没有身份，还敢出国，带着我移民了好几个国家。而我是名校毕业，又得到投资人的资金和人脉方面的支持，还有那么多的朋友可以帮助我，我都觉得困难重重。"由此可以看出，父辈们当初怀揣几百美元闯荡天下的精神深深地影响了他，在他心里扎下了根。

Tim 在上海创业期间，开发的是一款少儿自然拼读产品。虽然团队的开发能力很强，但仍然采用在美国的销售方法，很不接地气。可以想象，考场上的常胜将军，创业失败后，在他所不熟悉的环境中所忍受的寂寞、孤独和打击。可喜的是，Tim 内心强大，对暂时的失利早就有思想准备，很快就重新找到了下一个目标和方向。他没有回我们所在的麻州寻找家庭的庇护，而是直奔加州硅谷，投身到了新的创业征程。

他每次回家我都会问："当初辞职创业，现在是否感到后悔？"他若有所思地回答："如果不辞职，现在也能拿到几十万美元的年薪加奖金，但没什么意思。创业有意思，每天有一百多件事情要做。周一到周五招聘新人，管理公司，制订今后发展方向，到了周末还要编程。"

最终，Tim得到了投资者的青睐，他的公司有了大量的启动资金，在短短几年内，已初具规模。但是，如何有效地使用这些资金，使公司能够更快、更好地发展，又成为他事业上新的挑战。

这样一群年轻人为了追寻自己的理想和人生价值，在努力地拼搏和奋斗着。他们如此执着，超出了常人的想象；他们如此忘我，已远远超越了他们的父辈，以及父辈对他们寄予的希望。

创业是人生的新境界，也是一个人综合能力的体现。纵观历史发展，人类的进步、人们生活水平的改善和提高，无一不是人类不断创业、创新所带来的。创业者所取得的辉煌成就被人们所赞美和讴歌，创业者面对失败的勇气及强大的内心世界更为世人所钦佩和称颂。

我发自内心地赞叹他们，尊重他们，感激他们！

第二章 快乐地进入 MIT

周和平

我们处在一个物欲横流的时代，孩子的成长很难脱离环境的影响。如果家长希望孩子能够自立自强，成长为一个乐观、幸福的人，抑或是一个对社会、对人类有所贡献的人，那么，理想和志向的树立与培育，当是不可或缺的。

第二章
快乐地进入 MIT

◎ 在剑桥大学收到 MIT 录取通知书

进入大学申请季，我们夫妻俩都根据儿子宇瑟的大学申请进程来安排自己的工作和生活。

宇瑟 9 月初离开北京，返回普林斯顿学校继续十二年级的学习，行前约定每周和我们沟通大学申请的进度，但这几乎没有实现。回到美国学校的宇瑟，就如同发射出去的卫星，在茫茫太空中杳无音信，只是偶尔发出一丝微弱的信号。我们要求联系的强烈呼声，也如同受到电离干扰，有去无回。

偶尔和宇瑟取得联系，他的回答也只有寥寥数语，不是"还在写文书"，就是"仍在修改申请"……进入 10 月份，眼看大学申请材料递交的窗口陆续打开、关闭，我们仍然没有得到明确的信息。

11 月中旬，宇瑟突然发邮件说，他收到了剑桥大学的面试通知！由于他不满 18 岁，不能独立去剑桥大学参加面试，学校也无法安排老师陪同。所以，他想让我们陪他一同面试。

听到这个消息，我们喜出望外。尽管还不确定是否能被录取，但至少是一个好的开始，估计后面也坏不到哪里去吧。作为父亲，我欣然同意当一回"保镖"。

12 月 15 日是面试的日子。头天晚上我才发现，宇瑟没有准备西服、领带、衬衣……赶紧忙活了一天，给他置办行头，晚上吃完饭，疲困交加，再加上时差的原因，我倒头就睡了。朦朦胧胧中，听见宇瑟叫我，他略带兴奋却又冷静地说："我收到了 MIT 提前录取的通知书。"

听到这个消息，我哪里还睡得着，一边让宇瑟把好消息以光速告诉远在北京的妈妈，一边拿出冰箱里的啤酒一饮而尽。悬着的心落地了，我仿佛比宇瑟还激动。

我问他明天的面试怎么办，是不是继续努力，再下一城？宇瑟平静地说，他没什么强烈的诉求和目标，主要想观察一下英式的申请和美国的申请有何不同，感受一下英国大学的教育体系。他说："MIT是我的梦想学校，拿到录取通知书，就不给别人捣乱了。"

面试时，是我陪他一起去的，我在外面沿着卡姆河走了很远很远。一会儿琢磨他面试进行得是否顺利，一会儿竟然又想到徐志摩的《再别康桥》。脑子里乱得像长了草，兜兜转转就回到了他面试的彼得学院。

他出来时一副开心的表情，说那些英国孩子的数学跟他相比还是有一定差距的。教授出了几道题，让解出的人上去讲，然后回答教授提出的问题。他很快就完成了，其他人还在做。

我们在剑桥大学住了一个星期后，又在牛津大学住了一周。希望宇瑟能够把在欧洲高等学府的游历体验，融入到未来的发展中。

◎ 少年初长成

宇瑟是在校训为"专心地学习，痛快地游玩"的北京大学附属小学上的小学，小学阶段他是快乐的，玩得很开心，上学反而成为"副业"。

当初送宇瑟去这所学校，就是认为孩子应该有一个开心快乐的童年，有一个不那么急功近利的成长环境。后来的经历也证实，这样的环境对宇瑟的成长带来了思维上的启蒙。

在周围"不能让孩子输在起跑线上"的说法不绝于耳的时候，我们对宇瑟的"起跑线"并没有明确的认知，也没有刻意去研究、比较那条"起跑线"。

小学二年级期末时，班主任老师推荐两位同学参加一所著名的数学学校的课外学习班，不知什么原因，宇瑟被推荐了。

宇瑟小的时候，妈妈一直陪他玩耍、学习，似乎没有什么方向和目标，主要的一点就是要保证他的心理和生理的健康。由于妈妈喜欢看书，周末一有空，她就带着宇瑟到图书馆或者书店看书，遇到喜欢的书就借回来或者买回来。时间长了，家里渐渐地有了大量的存书，家就成了我们三人的阅览室。在这个氛围中，宇瑟的阅读习惯就自然而然形成了，这对他后来的持续阅读影响很大。

我们对宇瑟的学习没有预设目标。在小学时，应他自己的要求，为他报了不少课外班。作为家长，我们没有干涉，我主要承担周末接送他上课的司机的职责，在途中他说起上课的一些内容，我也只是当听众，很少评论。后来，对他聊得神采飞扬的奥数，我更是说不出所以然。四年级的时候，他参加了一些比赛，总能拿些奖项，我们自然开心，但仍没有对他提出什么更高的目标和要求。

小学毕业后，宇瑟顺利地被海淀区的几所名校提前录取，在决定去哪所学校时，我们有过小小的纠结。我们作为家长，对选择学校自然有想法，但我们没有告诉宇瑟，只是催促他在最后时刻必须自己做决定，并告诉我们他的理由。最后，他选择了海淀区的一所全国著名中学。

"小学六年我快乐地玩耍、学习，已经感受了轻松的学习环境。现在上中学了，听说这所中学学习紧张、压力大，我也想去体验一下那种学习环境。"这就是他的理由。

◎ 外面的世界

初中二年级，宇瑟作为中国北京代表队的一员去参加美国艾克赛特数学俱乐部比赛（EMCC）。这是他第一次去美国比赛，并取得了团队第二名的成绩，他的同学以此成绩立即转学去了美国的一所著名私立中学就读。当我们问宇瑟是否考虑转学到美国读中学时，他回答："美国的中学数学难度比中关村的差远了，我不去。"而我们一向尊重他的选择。

一年过去了，中考在即，他所在的学校进行教育创新探索，依靠一个教育基金在美国与一所学校合作，结合这所中学的教育理念和美国教育体系的优势，在他们中学实验班招收 18 人，作为第一批学生赴美学习。

与一年前的态度截然相反，宇瑟得到消息后，立刻决定去美国这个新学校上学。他说："我现在已经把高中的课程基本学完了，继续在现在学校上高中得不到我期望的外面的世界给我的东西，到美国可以接触许多新的思维和课程，至少可以把我的英语和科研水平提高不少。另外，美国的学习环境对我来说是陌生的，我想体验和现在不一样的经历，我想去试试！"他说得非常有道理，于是我们同意了他的决定。

在首都机场我们目送一行穿着中学校服的飒飒少年们渐行渐远，宇瑟和他的同学们从此踏上了自己选择的学习和生活的道路，是痛苦还是快乐？是坚守或是退却？也将由他们自己决定，我的眼睛湿润了。

外面的世界很精彩，对于一位处于青春期的少年来说，想要摆脱家庭的约束、父母的说教，想要独自去远方追求心中的梦想……这些都是可以理解的。作为父亲，儿子的现在就如同几十年前的我自己。因此，我说："儿子，去吧！注意照顾好自己哦。"

◎ **孩子的快乐源泉**

儿子出生后，妻子就致力于做一位全职太太。她的理由非常质朴：隔代照顾孩子，孩子就是老人的玩具，溺爱和无原则难免成为常态；而保姆带大的孩子，性格和习惯在很大程度上与保姆类似，那样的结果我们可以接受吗？当然不能！所以再苦再累，妻子都是亲自照料孩子，而且乐此不疲。

有了责任心和耐心爆棚的妈妈的呵护，宇瑟的童年过得特别快乐。他喜欢玩沙子，无论弄脏多少件衣服，洗多少次澡，只要宇瑟愿意，妈妈都不会干涉和中止，宇瑟从小就可以自由地安排自己的活动。

在宇瑟三岁时的一个周末，我们一家三口去少年宫玩。路过一个活动室，宇瑟在窗户外面听到很多小朋友一起玩耍的声音，他便要我抱起他，看看有什么好玩的。结果小朋友们是在做洗衣粉，有很多泡泡，他觉得好玩，十分好奇，一定要进去看看。由于这是一个面向小朋友的实验兴趣班，无法现场报名参加，只能观看。宇瑟实在是喜欢，出来后一直吵吵着要学做洗衣粉，我们就给他报了这个亲子实验班。

他在班里玩得非常开心，看到一些液体和粉末混合在一起能产生那么多泡泡，还听到老师说可以把衣服洗干净，他就一连串地问了我很多问题，我只能立刻查阅相关的知识和原理。告诉他之后，他若有所思地眨巴眨巴眼睛，又去鼓捣他的瓶瓶罐罐了。

这个事情对我的触动非常大。孩子们来到这个世界上，周围的一切对他们来说都是未知且神秘的，如何了解和理解这个世界，是他们未来多年需要面对的重要事情，作为父母，我们该如何回应？

从那以后，我和妻子就决定：不管孩子问什么问题，我们都必须认真回答，不能敷衍。如果不知道，就一起探索和学习，解决孩子的疑问。

这个过程不但保护了孩子的兴趣和好奇心，父母也从中学习到了许多知识，和孩子一起成长，并乐在其中。

我发现，我们解答了宇瑟的问题后，他会顺着问题继续思考，持续提出各种各样的关联问题，这些问题促使他再次思考并去寻求答案。长大后，他有能力利用各种工具去学习时，学习能力和思考能力迅速提升。

兴趣（好奇）—探索—寻求答案—继续进一步探寻，这是一个好奇心得到满足的良性循环过程。

产生好奇心，然后得到满足，不就是一个快乐的成长过程吗？

◎ 为什么要阅读

宇瑟喜欢看书，一是受妈妈的影响，二是他在书里得到了许多满足他好奇心的答案，从而感到快乐，进而喜欢读书。他对阅读的喜爱是顺其自然的，没有家长过多的干涉，这样便避免了被强制做事情的对抗和反对抗的冲突与矛盾。

初中一年级第一学期期末考试，宇瑟所在的实验班的成绩没有排到年级第一，尤其是语文，很多家长对此非常不满，提议学校更换语文老师。刘校长为了坚守她的教育改革，亲自给这个班的家长开了一次特别的家长会。在那次会议上，我才理解了真正的"阅读"，并分享给了对这个话题感兴趣的朋友。

宇瑟的语文老师认为：人生看似漫长，其实用于阅读的时间非常短。小学生词汇不多，理解能力不够，阅读效率不高，到初二下学期后又要突击应对中考，上高中后又要集中应对高考，上大学后需要学习专业知识，应对就业和专业技能，再后面就是工作、结婚生子……人生的每个阶段都有重要的事情需要应对，只有在初中一、二年级的一两年时间里，才能够进行大量、从容的阅读。所以他给同学们开了长长的阅读书单，并以对这些书的阅读和理解作为考核要求，而语文课本由同学们自学，没有作为重点去讲授。

刘校长强调：阅读在一个人的教育阶段及其人生旅程中都有非常重要的地位，必须支持语文老师加强阅读和写作能力培养的教学思路，使学生养成终生阅读的习惯。

我当即理解和认同了这个理念，并和部分认可这个观念的家长一起支持老师的实践。后来宇瑟的确买了许多小说，并告诉我每本书里老师要求他们阅读和理解的方向。无论是关于信念、意志、思想、宗教的书，还是关于生活、哲学和美学的书，孩子们每看一部书，都有他们独特的理解和思考，这对他们人生观的形成和思考能力的培养都起到了不可或缺的作用，也是他们一路前行的基石。

◎ **让爸爸妈妈放心和安心的孩子**

宇瑟对周边的事物充满好奇心，我们在他产生疑问时的及时解答促使他更加努力地探寻新问题，来满足他那旺盛的好奇心，这就已经使他的学习和生活足够充实了。渐渐长大后，他又钻到数学这个一般人觉得抽象、枯燥的兴趣圈里。

我们基本没有对他进行过学习辅导，他在学习上的困惑基本靠自主探究和老师解答，后来他在分享自己对学习的理解时说"老师领入门，学习靠个人。"

在初一大量阅读中外文学作品后，他有了一个新想法：经过中文翻译的外文作品，或许不能准确地表达原作的意思，这是语言转译产生的差异，如果想消除这些差异，就应该阅读原作。于是，他买了多语种教材，开始自学多门外语。初中三年级，为了中考，我们建议他暂停外语学习，他却不愿意。有段时间，早上起床后，他就躲到卫生间，先读半小时法语再洗漱、吃早餐。后来宇瑟到美国学习，凭借他自学外语的经验，很快就过了语言关，这是他在美国中学收获比较大的一个前提。

宇瑟在学习上有着强烈的好奇心，在心智上他也逐渐成熟起来。

小学四年级，宇瑟在教室里玩耍时，一位同学向他扔铅笔，他"回敬"时伤到了那位同学的眼皮（宇瑟是学校棒球队的优秀投手）。我们对受伤同学及家长、老师都表达了诚恳的歉意，并以积极的态度寻找北京最好的医疗资源为其医治。受伤同学的妈妈忧虑过度，恐吓宇瑟，吓得他那几天都不敢去上学。我们给他做了大量的思想工作，也和老师进行了良好的沟通，才平息此事。我觉得那件事在他幼小的心灵上留下了印记，也引发了他去思考如何与他人和谐相处。

后来宇瑟上初一时发生的一件事验证了我的想法。

同样是和同学在教室里发生了一些争执，对方把他的书包从窗户扔到楼外，书包掉到了楼下的自行车棚上。他回家和我们谈起时，我们问："为什么不和同学理论？就是打起来你也高他一头，不怕啊！"他却淡淡地说："理论啥呀？争吵都是双方的问题，他把书包扔到车棚上，我下去捡起来就是了，何必和他计较呢？如果我也把他的书包扔下去，那我们俩不就继续争吵甚至打起来吗？那样都没有什么好结果，算了吧。"

那一刻，我莫名地鼻子酸酸的，不是因为儿子受了委屈，而是因为他能够看清事情的本质并掌控自己的情绪，理性地处理生活中的矛盾和冲突。这样的孩子，你还会担心他在外面到处惹是生非吗？他一定是一个让爸爸妈妈放心和安心的孩子。

◎ 爸爸的一封信

进入中学后，由于宇瑟还没有适应中学的学习环境，初一第一学期期中考试，我们全家被班主任老师约谈了一次，老师总结了宇瑟半学期的学习状况和问题，也算是给我们上了一堂家庭教育课。当时一家人都有些沮丧，觉得有些问题需要沟通、调整，但并不认为是原则性问题，只是宇瑟的一些学习方法不对，同类型的作业他做一次就不愿意再做触类旁通的作业，到后来还经常拖欠作业，上课时看书自学，而不愿意记课堂笔记，加上期中考试成绩不尽人意，所以被老师"约谈"了。在那样高手林立的班级里，几分之差就可能名落孙山，对宇瑟考试的要求就是要细心，把应该学会和理解的知识都掌握好，同时借鉴其他同学好的学习方法和经验，不然就浪费了这个优秀团队的宝贵资源。

为了缓解宇瑟因考试失利带来的心理压力，帮他找出问题，鼓励他调整心态和方法继续前进，我给他写了一封信。

宇瑟：

你好！昨天是你进入中学后的第一次家长会，爸爸本来是一定去参加的，可是临时有一个重要会议，实在是对不起！爸爸没能和你的老师面对面沟通，让你感觉到些许的失落，爸爸跟你说声对不起。

这会儿爸爸刚回到家，已经是夜深人静的午夜时分，你已经熟睡，回想昨天晚上你妈妈从家长会回来和你的谈话，又想起你妈妈给我布置的作业：给你写一封信。我的脑海中像播放电影一样，你成长中的一些时光、片段一幕幕地闪现了出来。

你是一个善良的孩子。小的时候，你会为你养的小乌龟从窗户爬出，掉到楼下而失声痛哭；你会为不让别的同学玩耍蚂蚁而和他们理论、争吵；你会为爸爸顺路搭载阿姨和小朋友而欢呼雀跃；你会为汶川地震中失去爸爸的小姐姐让出自己的卧室，还给她讲开心的故事安慰她……现在，你上中学了，你已经是一位潇洒少年，爸爸希望你依旧像原来那样善良，而且还要增加理性的善良，学会主动为其他需要帮助的人做力所能及的事情，善待环境、善待周围的人。

你是一个聪明的孩子，除了在学校的学习，爸爸妈妈从来都尊重你的意见和喜好，无论是欧几里得的《几何原本》还是《密码奥妙》，无论是钢琴还是小号，无论是宇宙生命之间的交流方法还是无机生命的存在……所有这些，其实爸爸年少时都没有听说过，现在有些概念和名字也是第一次听说。儿子，爸爸深深地为你的自由思考和深远的想象感到自豪和骄傲，希望你一定要坚持对自然的好奇，这样的状态一定会让你在后面的学习和人生道路上感受到无穷的快乐。

你还记得对我说过，人类存在的意义之一就是对周围充满好奇心，并揭开这些好奇的本质吗？希望你以后更加勤快，能够及时把对这些问题的立意和思考记录下来，也许这就是你成就未来的基石。

你是一个勇敢的孩子，记得你8岁时我们一起穿越秦岭的最高峰——太白山，连续4天徒步登山到3767米，第2天傍晚见到羚牛群从山上冲下来时，你哭着说"想家了""想妈妈了"，但是在爸爸的鼓励下，你坚持独立完成了后面的行程；在你10岁登四姑娘山时，由于高原反应，你不吃不喝，依然照顾自己并鼓励爸爸登顶，坚强地对爸爸说："爸爸小心！爸爸保重！"爸爸在夜色里听到你渐远渐小的声音时眼含热泪，心中为你的勇敢和坚强而骄傲。今年你和妈妈去参加"可可西里环保行"，为了保护可爱的藏羚羊，为了资助地震受灾的玉树孤儿，在海拔近5000米的唐古拉高原，你不但自己坚强，还照顾妈妈，回来后，叔叔、阿姨夸"宇瑟真勇敢，把妈妈照顾得特好"时，爸爸心里就想：这孩子真的已经成长为一个小男子汉了。

现在你进入中学学习已经两个多月了，但是你好像还没有很好地进入状态，昨天，妈妈从家长会上带回来的信息似乎对你压力很大。

仔仔，爸爸知道，你是一个善良、聪明、坚强的小男子汉，你追求快乐，乐于思考，有强烈的好奇心。所以，爸爸一点儿不担心暂时遇到的困难会打垮你，爸爸希望你总结前面的经验，多学习班上其他同学的优点和好的学习方法，继续保持你强烈的好奇心和自由的思考力，按照老师的要求严格管理自己，爸爸相信你在后面的学习中一定会芝麻开花——节节高的。

记住咱俩的约定：仔仔勇敢！仔仔奋斗！记住约定时，3岁的你，头上缝了3针也没有哭。

祝你健康成长！

一贯信任和支持你的爸爸

于碧兴园

2010/11/24 00:50:10

妈妈通过其他家长借到了班上几个学霸的课堂笔记让宇瑟参考（我看后，自叹弗如，我大学时记的学习笔记也达不到这几个初一学霸的水平）。宇瑟先抄写同学的笔记，然后依照同学的理解模式，把自己的学习感想标记在笔记本的旁边。那天晚上完成作业后，宇瑟由妈妈陪着一直在补课堂笔记，直到凌晨3点，坚持补完课堂笔记后才睡觉。

那是上中学后第一次也是唯一一次班主任给我们家庭单独开会，交流孩子的学习情况。此后，宇瑟似乎没有什么明显的变化，还是上学，上课外班，看大量的书，只是回家或者在学校会尽快地把作业做完，不像以前，不把作业当回事。至于记课堂笔记，也没有坚持多长时间，要想达到学霸同学那样的水平，估计也没有指望了，我们就睁只眼闭只眼，没再逼他。

但是，他在阅读上面花费了很多的时间，看着他阅读的书籍一本本增加，一摞摞堆码，我们认为只要他没有荒废时光，阅读了，思考了，就不必强迫着他去做完美的笔记。

◎ 小小男子汉的成长历程

宇瑟儿时主要由妈妈照料和管理，我忙于工作，和宇瑟在一起的时间很少。除了每天送宇瑟去幼儿园，其他事情基本没操什么心。

有一次，妻子回家非常生气地告诉我："幼儿园老师说咱们家儿子在幼儿园的一些表现像单亲家庭的孩子。"

这件事对我触动很大，忙碌之余，开始抽空带宇瑟参加一些朋友圈的户外和公益活动，但没有上升到理性培养的高度。宇瑟上小学后，妻子说男孩子需要爸爸多照顾、多管教，我也意识到自己需要多承担教育任务，把宇瑟培养成真正的男子汉。

宇瑟8岁时，我们计划去穿越秦岭最高峰——太白山，虽然儿子还是小不点儿，但是还是尝试带他出去走走，体验一下大自然，让他发现书本之外的精彩。8岁的宇瑟，在大山里面走了4天，从秦岭北坡攀登上太白山，然后下到南坡，虽然体力不是大问题，但是第一次面对一片寂静的陌生环境，恐惧是第一感受。

我们父子俩和一位向导，三人一起行走在山里。向导是当地山民，上山速度比较快，由于我背着几天的行装，时常会和向导拉开一段距离。宇瑟总是在跟向导走还是跟我走之间纠结：和向导跑在前面看不见我，就喊"爸爸，快点，我们在这里！"不和我在一起他感到不安；和我走在后面看不到向导，也会感到恐惧，就喊"叔叔，等我们一下，我们在这里！"在野外的活动中，我们父子的心灵渐渐地有了默契，我能够理解他的诉求和想法，在行动中去适应和满足，甚至去锻炼他的能力；他也慢慢地适应那样的环境，不断地自我调整，为各种变化做好心理准备。

第二天一直下雨，我们在时大时小的雨中爬了一天的山坡，到傍晚还在赶路，非常辛苦。当看到一大群羚牛从山上冲下来时，宇瑟实在忍不住哭了。他想妈妈了。"想家"的喃喃之语中夹杂着哭声，着实让我难过。

事已至此，除了要注意安全，没有其他办法，也没有什么可以后悔的。估算了一下，我们无论如何也到达不了宿营地，只好就近找了一块平地搭帐篷露营，那天夜里，我们三个人挤在一顶双人帐篷里面，我抱着宇瑟睡，他睡得很香。

最后一天，我们走出了大山。在汉中（秦岭南坡城市）吃晚饭的时候，我问宇瑟："你现在最大的感受是什么？"宇瑟满脸幸福地说："我们终于回到城市了！"

看来，宇瑟对熟悉的城市生活充满依赖感，对于野外，他感到新奇却也恐惧。然而，他的未来之路就是舒适的大城市吗？没有陌生？没有新异？没有困难和恐惧？不会是这样，他需要去接触和认识新环境和新场景，需要去了解、接受和面对新事物。

◎ 成人礼

2007年我在川藏线骑行时，在左贡的路上遇到了一对骑行的父子，小伙子风风火火，骑得很快，老爸在后面紧追不舍，一前一后，你追我赶。我们同行了一天，聊天时得知，父亲是为了纪念儿子初中毕业，带儿子一起骑行川藏线，作为爸爸送给儿子的毕业礼物，真是用心良苦呀！

我一直想带宇瑟骑行，开始时，宇瑟总说自己没有达到法律规定的骑车年龄，有些犹豫。后来，宇瑟13岁时，我提议一起去骑行G318（318国道）的后半段，即从拉萨到珠穆朗玛峰大本营、樟木口岸，然后继续到加德满都。之前的户外经历让宇瑟明白：计划户外出行时总是纠结的，一旦出发，快乐和新鲜的感受就会力压纠结。

刚到拉萨时，他没有高原反应，他的状态甚至比我的还好。

第一天的骑行非常有挑战，因为在我们出发前一周，宇瑟只花费了一个傍晚的时间练习了一次15公里的骑行，仅仅对自我保护能力和骑车技术有一些培训。他没有骑行经验，更不用说在高原上长途骑行了。

早饭后，我们冒着毛毛细雨出发，骑行不久，天放晴了。沿着拉萨河谷再转到雅鲁藏布江河谷，公路起伏不大，一路顺畅，到中午我们骑行了80公里，到达拐往羊措雍湖的岔路口。看来他感觉良好，不喘不急，路上车不多，骑行安全基本可以保障，天气晴好，蓝天白云，似乎世界干净得没有一粒尘埃，这就是旅行带来的美好感受。

午饭后，稍事休息，我们从达嘎乡过雅鲁藏布江大桥，沿着雅鲁藏布江南岸缓坡上开始骑行，十几公里后正式进入陡坡爬行路线，魔鬼般的考验就这样开始了。

在平坦的道路上，宇瑟的骑行速度是正常的，有时甚至比我快很多，我想他正值少年，精力和体力是那么充沛和旺盛，这次一定不会有什么问题。可是刚开始上坡，就明显感觉他落在了我的后面，我放慢速度等他，开始他还可以慢慢骑行，后来下车推行。一时骑行，一时推行，就这样行进了约一小时后，他干脆在路边歇了起来，不吃喝，不说话，脸红红的，不知是晒红的还是用力憋红的。我说："我陪你慢骑或者推行，别老歇着。"他不回答，起身继续前进，骑一会儿，推一会儿，然后休息。

我发现这并不是一个很好的办法，一是会给他压力，二是会影响他的节奏，于是就自己先向前骑行，与他拉开1000米左右的距离，然后停下来照相，等他，试图用这种方式给他一个目标，激励他继续努力。

在青藏高原 4000 米海拔的山路上，骑行爬陡坡，空气又稀薄，这对于第一次在高原上骑行的少年而言是何等的考验。我们那天的目标是翻过 5000 多米的甘巴拉垭口，宇瑟心中十分明白。

我们就这样拉锯式地一前一后往垭口移动着，骑行速度越来越慢，休息周期越来越短。到傍晚 7 点，离垭口还有十几公里，按照这个速度，骑到垭口估计还需要 3~4 小时，怎么办？考虑到宇瑟是第一天长距离骑行，如果真搞得那么狼狈，会对他后面的骑行打击很大，于是我决定搭一段顺风车。

拦下了一辆过路的皮卡车，20 多分钟就到了甘巴拉垭口，宇瑟说："太爽了！"

站在甘巴拉垭口，看着傍晚夕阳下的羊措雍湖，湛蓝的湖水映着周边的雪山。大自然的奇美让宇瑟呆坐在那里看得出了神，也许他需要时间来消化下午骑行中的分分秒秒，并享受这来之不易的美丽景色。

下山是开心的，不需要用力蹬，只需关注刹车。一路下去，十几公里的下坡路，半小时就走完了。宇瑟说："如果都是下坡就好了！"

第二天同样不轻松，行程和第一天差不多，只是卡若拉冰川后的路途更长一些。由于第一天骑得比较累，我们第二天就出发得晚一些，骑行速度也不快，欣赏了一路的羊措雍湖美景，到浪卡子县刚好是吃午饭的时间。

下午要翻 5100 多米的卡若拉山口，为了保证时间，我在山口前拦了一辆工程车，请他们帮忙把宇瑟连人带车带到山口，我自己爬坡去追赶他，并和他约好在热龙乡汇合，我们通过手机随时保持联系。

上坡时遇到一位独行的骑友，他的车坏了，我帮他修车花费了不少时间，爬到山口居然晚了近 2 个小时，又赶上下冰雹和雨，一路下去，到热龙乡时竟没有看到宇瑟！电话里，他说自己没有注意到热龙乡，已经骑过了，不知道现在身在何处。这时我急也没有用，只好让他到前面比较大的村子找个地方等我，如果天黑了，就把头灯打成闪烁状态。之后，我们就联系不上了。

那是我比较悲惨的骑行经历之一，由于雨很大，且时间较晚，对路况预估不准，夜行时头灯已经没电了。在那雨夜的高山里，一边是绝壁，一边是悬崖，骑行时看不见路，必须非常小心。实在感觉危险时，只能下车推行，下坡时本来可以快速赶路，却不敢松懈，仍要放慢速度。这样走走骑骑，在满拉湖水电站大坝下面的村庄，我终于发现了闪烁的灯。

停下车，敲门进屋，看见一对藏民夫妇和宇瑟一起在火炉边烤火，那时我的眼泪几乎夺眶而出。已经快夜里11点了，宇瑟坐在火炉边，所有的骑行装备都没有卸下，戴着头盔，手上还戴着骑行手套，冲锋衣裤依旧，背包还背在身上……这是为什么？

我没有问他，估计是因为害怕，第一次独自一人在如此偏远的地方，他也许觉得不安全，随时准备离开吧。这也是令我伤感却欣慰的地方，宇瑟知道自己需要做什么。

后来，他还经历过骑行途中丢失行李架上的鞋子，自行车刹车失灵冲到山里的雪堆上，一日冰雹、雨、雪三重天的骑行和在涵洞里面的等待，骑车到珠峰大本营，下来时进入尼泊尔后遇到的泥石流断路，以及最后一天到加德满都的短暂失联，等等。

这一次为期2周、长达1400多公里的骑行，是宇瑟成长的分水岭。我想：他在以后的生活中每每遇到困难的时候，只要想到那天的骑行，那天的等待，那天的雪雨交加……还有什么能令他畏惧的呢？

宇瑟不再是个少年，他已经成长为男子汉了！

◎ 学会管理自己的生活

宇瑟是经过艰苦锤炼成长起来的，他初到美国时，在陌生环境下的表现我们是能够想象的。

学校宿管基本不管寝室内的事情，又没有家长的严格管控，一些自控能力弱的同学玩起游戏就停不下来了，第二天的生活和学习便一片混乱。有一次，别的同学家长告诉我们，宇瑟总是劝同住的同学不要玩游戏，按时睡觉，不断地耐心劝说。看来他知道需要好好休息，准备第二天的学习，同时还能劝说同学规律作息。

有一次暖气跑水，据说宿舍一片狼藉，妈妈听说后，很担心宇瑟的书和书法作品被淹，但无论如何也联系不到宇瑟，他不接电话，也不回短信，最后通过另外一个家长找到他的同学，才联系到他，而他却在视频那边嘻嘻哈哈地说，他的书和书法作品都没有事。这次意外印证了宇瑟在遇到突发事件时，是有自己的行动和解决方案的，作为家长，我们还担心什么呢？

有一段时间，我的信用卡显示他花钱比以前多了很多，也不好就钱的问题和他说什么（一般他也不会回复的）。他暑假回家时，我漫不经心地问："前两个月你花钱很多哦，是不是给我报个账？"他打开旅行箱让我看，里面一半都是书。他说："美国的书很贵，这些是已经看完的，背回来报账哈！"

虽然我们没有限制他在学校的花销，但是宇瑟非常懂事，除了买书，基本上没有其他的花费，而且能够把自己的生活管理得井井有条。

◎ 申请大学的煎熬

宇瑟申请大学前，我们听了很多相关的介绍和说明，有的说申请人要参加很多社会实践，把这些内容作为自己活动能力和社会影响力的体现，写到申请文书里面。但是宇瑟没有做这些，假期里，或者在看书，或者和爸爸一起行万里路。高中期间为了应对标准化考试和国内的高中毕业考试（他们还要拿国内的高中毕业证），还要学习国内高中课程，几乎没有时间参加社会实践活动或做义工。我们一致比较反感为了申请文书而刻意做一些"有意义"的暑假"活动"。

十一年级的暑假，宇瑟回来时，我们就此进行了沟通：一是文书的内容如何确定；二是他需要思考将来要做一个什么样的人。只有做了这样的思考，才可以向招生官阐述清楚申请学校的理由。

宇瑟在 4 月份申请了 MIT 暑期的探索科学研究院（RSI，Research Science Institute）项目，并拿到了 Offer，似乎这个暑假有事情可做了。

经过暑假 6 周封闭的 RSI 研究项目的学习、研究和论文的撰写，宇瑟的研究和论文获得 35 个奖项，为此次活动画上了圆满的句号。但是我一直在纠结他写申请文书的"活动"素材。

暑假很快就过去了，临回美国的前一天晚上，我和宇瑟专门聊我给他布置的暑期作业，思考未来的生活目标，这将是他未来几个月独立申请大学的行动指南。宇瑟告诉我，他将来的生活目标就是：做一个快乐的人，争取为人类做点贡献。

说实话，当时我被他的话惊呆了！这样的话，我活了 50 年，连想都没有想过，宇瑟在他青春年少时居然能够如此思考，后面申请大学的事情我管与不管，其实已经没有多大意义了。

◎ 这样走进 MIT

许多人问：你儿子是怎么考入 MIT 的？我觉得一句话说不清楚，不是那么简单，但是，也不是很复杂。

首先，MIT 一定是为有梦想和有准备的孩子敞开大门的。如果没有宇瑟从小一贯的学习、思考，以及清晰的人生目标，那他如何说服招生官他就是 MIT 要招的人呢？他表达清楚了，证明自己可以配得上 MIT 这样的学校，并能够使学校认为他和学校是匹配的。

其次，艰难的求学经历没有成为他前进路上的羁绊，反而成了他的财富。在两年时间里，老师们带着这帮孩子参加了几乎美国所有名牌大学的数学、物理、科学等各式各样的竞赛和比赛，并且取得非常好的成绩，在一次次的竞赛中被追问："这是哪儿的学校？""他们从哪儿冒出来的？""他们都是什么背景？"老师和同学们都知道，要赢得大家的认可只能靠努力和勤奋。他们深深地体会到：努力和充足的准备才是成功的前提。

宇瑟能够进入 MIT，还有一个原因，即他所在的学校对学生科学研究能力的持续培养，使他们的研究方法和能力得到了极大的发展和提高，这样在后期的研究中就容易被认可。宇瑟在 RSI 项目上的论文水准很高，获得了评审委员会的一致好评。我认为 RSI 指导老师的推荐对宇瑟进入 MIT 也起了很大的作用，而参加 RSI 这样的项目是申请 MIT 的一个预演。如果你梦想去 MIT 的话，在哪一关都应该做好准备。

◎ 校园预览周末

在校园预览周末（Campus Preview Weekend，CPW）之前，我没有去过波士顿，通过宇瑟传达给我的信息比较多，他刚来美国就由学校统一安排在波士顿，上了两个多月的夏校。虽然他说波士顿的夏天热得厉害，而冬天大雪封门，气候非常不适合居住，但他还是喜欢上了这个城市。或许是因为这里有他梦想的大学吧。

虽然宇瑟已确定被 MIT 录取，但是我们还是决定一起去深度感受一下这个学校的环境。对校园的初步感受是校园不大，沿着查尔斯河铺开，与哈佛大学相邻。通往市区和机场的地铁就在学校附近，交通方便。比起我熟悉的普林斯顿小镇，多了一些繁华和热闹，当然也少了一些宁静与恬然。

CPW 有许多活动，这和中国的大学似乎不一样，学生和家长可以不受限制地参加为期三天的上百场活动，有学校的、院系的、官方的、社团的，还有民间的……包括家长关心的伙食（活动期间，家长可以免费吃一顿食堂正餐）、住宿（可以在各个宿舍尽情参观），学生喜欢的各种奇葩活动（MIT 传统的恶搞活动：第二天凌晨，老生带领即将入校的新生爬上学校主楼的房顶，并迅速撤离），免费烧烤，几场大型社团文艺演出等。我陪宇瑟去数学系接触了赫赫有名的数学教授们和来自世界各地的数学牛娃们，他们交流的方式就是直接在一张巨大的黑板上拉开算式，以公式和计算会友。宇瑟和几个竞赛时认识的老朋友打过招呼，并告诉我他们认识和过招的故事，非常有趣。

当然，最开心的是借这次机会认识了 100 多位新生家长，他们大多数是在美国打拼多年的华人，我们成长于同一时代，只是经历了不同的生活轨迹，现在因为孩子相识于 MIT 的大家庭。

CPW 我们前后在一起四天，最后一天早上我送宇瑟去火车站回新泽西学校，路上我们边走边聊了很多关于大学生活的事情，他给出许多激情的想法和愿望，也开始思考进入大学，走向社会的路径规划，想得不远也不近，看来这娃是长大了。愉快的聊天随着他到达车站而中断，看到他乘车越走越远，望着他没有回头的背影，一些惆怅缓慢升上心头。他走远了，父母高兴，他走远了，父母心里也小小泛酸……

◎ 在波士顿一起过年

开车到波士顿，已经比较晚了，和宇瑟约在学校万豪酒店见面。半年没有看见他，是中学那个样子呢？还是像一个大学生的样子了？在酒店大堂见到他时，感觉除了脸瘦一些，头发长一些外，其他还算不错。一见面妈妈就抱怨他选择的自己做饭方案是不是有问题，是不是没有好好做饭，好好吃饭？还是一个宿舍的同学口味吃不到一起？宇瑟直说吃得不错，做饭非常开心。那为什么比暑假在家瘦了不少呢？他妈妈百思不得其解。

第二天宇瑟陪同一起旅行的叔叔、阿姨们参观 MIT 和哈佛大学，到波士顿市区转了一大圈，时间过得很快，叔叔阿姨们就要飞回北京准备过年了。

终于可以和儿子单独静下来一块儿聊天，我们转到附近的公寓住宿，就是为了可以好好做饭，一家人一起过四年来第一个团聚的中国年。

我们专门为他带来两个旅行箱的食品和调味品，不管宇瑟喜欢或者不喜欢的，老娘都一股脑搬运过来，从北京到迈阿密，从迈阿密到哈瓦那，再到纽约最后到波士顿，每次过境我总担心被海关检查怀疑我们是贩运食品的，好在终于安全运到了宇瑟手上。

除夕我们做了八个冷盘、八个热菜，组合了两个水果干果拼盘，取出北京带来的春联和窗花，贴在宇瑟的宿舍门口，也贴在公寓的窗户上，一片过节的喜庆气氛立马填充到我们的心间。

宇瑟请我们吃了据说剑桥镇（其实应该是剑桥市，呵呵……）最叫卖的冰激凌，排队半小时才可以买到。离开之前我们提前给他过十九岁的生日，我专门又去那家店买了现做的宇瑟钦点的冰激凌生日蛋糕。在吹灭蛋糕上的蜡烛前，照例让他许个心愿，看着他默默地心念着自己的心愿，心里不停发酸。

不知道他许了什么心愿，但是看见昨日的小屁孩现在已经成为一个比爸爸妈妈高出一头的大小伙子，感慨万千，心里默默地祝愿他能够成为一个快乐的人，一个对社会有所作为的人，期盼他在他喜欢的道路上开心地挥洒自己的人生辉煌。

◎ 我们一起行走

很快仲夏来了，宇瑟进入 MIT 已经一年。

暑假他没有在家度过，选择在学校协助计算机教授编写专著。

我一如既往地在暑假期望陪宇瑟活动一次，刻意安排参加一个西部太平洋山脊徒步穿越活动（Pacific Crest National Scenic Trai PCT），他请假一周我们相约在波特兰碰面，一起重装从波特兰徒步七天到达华盛顿州边界。

一路上我们父子背负了全队几乎最重的行囊。在装车卸车行李时，宇瑟主动帮大家搬上搬下，路上不停地陪不开心快掉队的小弟弟聊天，鼓励他坚持往前，在第三天非常艰难的徒步到目的地后，又返回上山去迎接几乎崩溃的小弟弟；一路上和我走在队伍后面收队，我几次劝他可以按照自己的节奏往前面行走，他总是说可以和我一起走在后面。经常提醒我在遇到障碍时的路径，不要走野路，不要冒险，一定要注意安全，俨然把我这个老驴当成了初出江湖的小白，搞得我不知感动还是沮丧。沮丧的是他居然蔑视我十几年带他走南闯北的户外活动的经验，感动的是宇瑟现在关心起老爸的安全了，他已经成长为了可以担当的男子汉，他那关心别人，于无声处帮助别人的行动，让我欣慰让我安心。

徒步就是一个由头，其实我是希望在户外的经历中，自然地和宇瑟有个良好的沟通和交流，毕竟孩子大了，渐渐地他们会走自己的路。

大鹏的翅膀已经成长坚硬，他有自己的理想和信念，多年的磨砺造就了他能翱翔蓝天，飞向更高更远的目标！

2017 年 3 月 27 日起笔于北京碧兴园
2017 年 8 月 27 日落笔于北京花语城
2018 年 5 月 20 日修改于北京花语城
2018 年 6 月 04 日定稿于新疆喀纳斯

追梦的女孩

第三章

（美）章诗若

从芭蕾舞和钢琴比赛冠军、高中校游泳队长到 MIT 学生，再到公司副总裁，哈佛商学院学生，这是一个有梦女孩的成长历程。

在开始动笔写这本书的时候，正巧赶上我的生日。这一天，除了收到女儿发来的电子邮件，我并未期望她会有更多表示，因为我知道她特别忙，几乎没有休息日。在我生日的前一个周末，她已邀请我去纽约看了场百老汇的《狮子王》，吃了顿相当漂亮的晚餐。而当我看到她的好朋友捧着一大束鲜花站在我面前时，我感到十分惊喜。花束中夹着一张卡片，上面写着：妈妈，谢谢你把我培养成现在的我！我的眼泪几乎要流下来了。虽然女儿自上大学后越来越成熟，经常会对妈妈表示感谢，但当我看到这些字句时，仍每次都眼泪汪汪，过去 20 多年的辛苦在这一刻都化成了甜蜜。其实，最值得纪念的是我们在一起面对挑战，克服各种困难并赢得胜利的每一个时刻。这些年，我们不乏眼泪和汗水，但更享受那一次又一次的胜利带给我们的欢愉和幸福。

我女儿毕业于全美最好的私立高中之一——菲利普斯埃克塞特中学（Philips Exeter Academy），后就读于 MIT，主修化学工程专业，辅修经济学专业。写到这里时，我们刚好参加了她哈佛大学商学院的毕业典礼，她成功地拿到了 MBA 学位。女儿从 MIT 毕业后，曾在国际顶级的波士顿咨询集团（Boston Consulting Group）工作过两年，之后坚决辞去了稳定的职务与高薪，到一家创业公司担任副总裁。自此，她更是夜以继日地工作，经常飞到各地谈项目。短短 4 年，当初只有两个人的公司已发展成有 20 多位精英的公司，且已有 3 代产品。

女儿性格开朗、喜交朋友，足迹遍布世界很多国家，从欧洲、非洲到澳洲、美洲，从冰岛、土耳其到以色列、柬埔寨，甚至达尔文进化论的诞生地——加拉帕戈斯群岛。法文、英文及中文的听说读写能力，也使她与当地人交流起来更顺畅。尽管工作上的事情让她忙得不可开交，但她仍然坚持各种运动。除了芭蕾，她也喜爱攀岩、潜水、冲浪和划赛艇。2016 年，回波士顿读书前，她利用周末的时间上了 200 个小时的瑜伽教师证书课，如愿以偿地拿到了资格证书，后来被哈佛大学和另一家知名度颇高的俱乐部聘为瑜伽教练。

智力可以是天生的，但更重要的是正确的获取知识的方法，养成好的读书、学习和思考的习惯。这些习惯的培养不仅取决于父母的智慧，更重要的是父母是否肯花时间读书、思考，与孩子一起成长。

一、书中自有黄金屋

我的女儿叫诗达,其中的"达"字,是豁达的意思,也有攀登达到之意。她的小名"茜"则取自茜草,茜草虽然普通、渺小,却坚韧不拔,拥有顽强的生命力。我希望她成为一个健康、乐观、勇敢、坚韧又富有爱心的人。

诗达喜欢读书,任何闲暇时间里,她都会捧着一本书。记得她小的时候,我带她去朋友家玩,大人们热热闹闹地聊天,男孩们玩电子游戏,女孩们给芭比娃娃一遍一遍地梳头发、换衣服,只有我家女儿一个人坐在地上看书。在女儿小学一年级时,学校老师跟我说:"下课时,大部分孩子都跑来跑去、吵吵闹闹,诗达却一个人安静地看书。"我听后有点担心孩子变成书呆子,不会和同学、老师交流。但老师却乐呵呵地说:"不会的,她和同学们相处得很好,同学们都很喜欢她。"后来我多次观察,果不其然,她丝毫没有交流上的问题,而且有很多朋友,她还是个孩子王。

那时我们很少买书,都是从公共图书馆借书。每次比赛结束时,对诗达最好的奖励莫过于去书店买一本她喜欢的书,并逐步建立自己的家庭图书馆。她第一次参加芭蕾舞比赛时,赢得了单人舞和三人舞两项冠军。兴奋之余,我们在小镇上一个漂亮的书店里买了属于她的第一本书《秘密花园》,那时她6岁。

读书对写作的帮助非常大,诗达的几篇文章均荣获马萨诸塞州作文大赛第一名的好成绩,她非常荣幸地被邀请到州政府大厦参加颁奖仪式,且拿到了几笔小额奖学金。

二、受益终生的学习习惯与兴趣

诗达从小就是一个聪慧的孩子，记忆力超群，无论读什么书，几乎都过目不忘。让很多人感到不解的是，她小时候除了读书、认字外，并没有学习任何额外的数学课程，怎么会比一般孩子超前呢？直到一个偶然的机会，我懂得了兴趣对一个孩子的学习和进步有多么重要。

诗达6岁那年，上小学一年级，因为我上班很早，不能亲自送她去学校，只好把她送到附近一位朋友家，请其帮忙把她送到学校。和女儿的情况一样，另外一位同班同学也被送到这位朋友家，然后一起去上学，那位同学也是中国人。有一次这位朋友跟我说："你的女儿很聪明，做题速度特别快。"我觉得奇怪，我并没有给女儿留作业，让她做什么题目。问了女儿才知道，那位同学每天到了朋友家后，出发去学校前，都会拿出爸妈给她留的作业。那是一本英文版的数学应用题的书，里面的题目都非常有趣，常常将数学和历史等内容综合在一起，诗达看后非常感兴趣，每天都抢着把那个女孩的题目快速地做出来。而另一位女孩因为是被爸妈逼着做每天留的作业，常常磨磨蹭蹭，很长时间做不出一道题。

了解这个情况以后，我才知道，原来加拿大多伦多也有课外补习类书籍，而且还那么有趣，只是在图书馆和附近的一般书店见不到这种书。

见女儿喜欢，我们决定给她买几本这样的书。我们跑了附近的好几家书店，都无功而返，最后才知道在市中心的一个大书店有此类书籍。终于，我们兴奋地抱回了几本宝贝一般的书。从此以后，女儿开始按部就班地自学英文、历史和数学。很明显，她的进步越来越快，虽然在学校全天用法语上课，但她的英文、数学、历史也有了长足的进步。

坚持每天自学给诗达带来了很大的快乐。但有时，我们也会因为一些活动而耽误进度。我一直认为，除了读书，室外活动及社交活动对她的成长也是有帮助的，比如，去游乐场及公园、听音乐会、看舞蹈表演等。我不想让她成为书呆子，但是我们也会为时间安排不过来而烦恼，经常到晚上睡觉前因未完成的功课而后悔在外面玩得太久。后来从朋友那里学到了一个方法，每天出门玩耍之前留一段时间，把应该按时完成的作业做完。这样看似严格，养成习惯后就变成了自然，避免了很多的不愉快。

到了初中，诗达的时间更是越来越紧张，每天除要进行两个小时的游泳训练、两个小时的钢琴练习外，还有舞蹈课、各种比赛和表演活动。尽管如此，她仍坚持每天晚上自学表哥上高中时的数学书。

好的习惯为她以后在忙碌的高中、大学能合理安排时间打下了基础。

而我在她离家住校读高中前，为保证她练琴和读书时不被打搅，晚上一般不接听电话，周末也很少走亲访友。

诗达 11 岁时参加了约翰·霍普金斯大学（Johns Hopkins University）为天才学生创办的夏令营（Center for Talented Youth）。之后参加了美国统一的大学升学考试 SAT，她的成绩超过了当时全美国高中毕业班 95% 的学生的成绩。

好的阅读习惯、学习习惯和时间管理习惯对她帮助很大。直到今天，她仍是书不离手，卧室里、床头上、沙发旁、书架上都整齐地摆满了书。

三、行万里路

◎ **在肯尼迪办公室实习**

记得在菲利普埃克塞特（PEA）高中的校刊上有一篇文章，开篇引用了作者采访诗达的一段谈话内容，是诗达在爱德华·肯尼迪（Edward Kennedy）议员华盛顿办公室实习时的感想。她说，一个学期的实习给了她更广阔的视野，她不再只专注于读书，不再仅仅以被理想大学录取为目标，而能够思考自身以外、学校以外，甚至美国以外的事务，更加关心世界上发生的事情。她希望真正学到各方面的知识和能力，用行动为人类做实事，改变不合理现状，阻止世界上的杀戮、饥饿及疾病的传播。

诗达在PEA的最后一年，曾和另外十余名同学被选中到设在美国首都华盛顿的国会及一些参议员办公室做实习生。即使是在一些一流大学，这样的机会也是极其有限的。PEA是全美唯一一所给学生提供这种机会的高中。

她在爱德华·肯尼迪议员办公室实习了一个学期。爱德华·肯尼迪是著名前总统肯尼迪最亲近的弟弟。他因为卓越的政绩，被人们称为参议院的狮子。在他的有生之年，由他动议的300多条法案被定为美国法律，这在美国政治历史上是绝无仅有的。爱德华·肯尼迪坚持主张政府应当注重经济发展，让人们生活得更好，同时为了社会的正义，适当干预经济的发展。他在许多法律的出台方面都发挥了重大作用，其中包括移民、癌症研究、健康保险、种族隔离、残疾歧视、艾滋病关怀、公民权利、精神保健福利、儿童健康保险、教育和志愿服务等方面的法律。在他生命的后期，他被公认为美国进步主义的主要代表人物和发言人。

在爱德华·肯尼迪议员办公室实习期间，诗达帮助接待来客、回复邮件、书写发言稿、做国会山的导游等，深入了解了美国的政治体系和历史。所接待的来客中有大企业单位的总裁，有政府机构各级官员，还有外国首脑等，这些人到国会和参议院来游说，为自己的种族、公司或个人争取权益，也为争取美国政府的支持与合作。

尽管诗达是实习生，但她和国会山的同事们常常为了解决世界上其他国家出现的危机组织各种活动，以引起美国社会和政府的关注。有一次她很激动地对我说，他们组织了反对纳米比亚内战屠杀无辜民众惨案的游行，有上万人在华盛顿参加了这次活动。

这次经历使得女儿从象牙塔中走出来，真正明白了原以为理所应当得到的东西，比如学习的机会、和平的日子，甚至饭桌上的食物等，对世界上很多孩子而言却是奢侈品。而很多的权益，包括生活中的方方面面，是要靠奋斗和争取才能得到的。这次经历也让她更珍惜她所得到的每一个机会，更加自觉地努力学习，锻炼自己服务社会的能力。

◎ 学习法语，体验法国文化

诗达除了精通英语和中文，还能非常流利地读、说、写法语。

加拿大是个双语国家。虽然多伦多是英语区，日常生活和学校教学都只用英语，但是她所在的小学开办了一个"法语沉浸"项目（French Immersion），也就是法语集中培训项目。每年大约招收十个学生，从学前班的第二年（5~6岁）开始直到五年级，全天都用法语上课，下课后才允许讲英语。五年级后逐年加入一定比例的英语，直到高中最后一年，才完全用英语教学。

家长可以选择让自己的孩子进入这个法语班或普通英语教学班，我把诗达送入了这个法语班。她的语言学习能力很强，老师非常喜欢她，每次看到我，都对她称赞不已。三年级结束时，她已能流利地讲法语，还可以阅读法语小说，进行简单的法语写作。

诗达上四年级之前的暑假，我们搬到了美国的波士顿。刚到波士顿时，她在加拿大的法语老师担心她会把之前所学的法语忘掉，常常给她寄课本和作业，但那毕竟不是长久之计。没有了语言环境，我担心她的法语学习被搁置，可能很快就彻底忘记之前所学的一切。

我和诗达找遍了当地的图书馆和书店，都没有适合儿童读的法语书。那时刚有亚马逊网站，也不卖法语书籍。最后，我们只能开车往返近1000公里，花六七个小时去加拿大境内的法语区买书。

不久后，诗达交了一位新朋友，是和她一起上芭蕾舞课的女孩儿。那个女孩儿刚从法国来到美国，英文还不是很好，女儿会说法语，正好可以帮助她，她们很快成了好伙伴，常常在一起玩儿。女孩儿的妈妈知道我们在为学法语发愁，就主动担当起诗达的家庭教师，每个礼拜都来我家给诗达上课，还经常邀请我们到她家参加聚会。因此我们接触了不少法国人和会讲法语的美国人，他们多是高级知识分子或企业高管。

一年之后的暑假，法语老师全家要回法国度假，邀请诗达同行。10岁的诗达第一次离开我，去一个完全陌生的国家，刚到法国的那几天她很不习惯，经常在电话里哭哭啼啼地说要回来。但两个星期之后，就再也不提回家的事了。在那里，她必须先学会在没有妈妈保护的情况下如何与他人相处，令人欣慰的是，她很快交到了几位新朋友，还参加了老师亲人的婚礼。值得感恩的是，她在法国新交的朋友还带她到郊外看日全食，再驱车几个小时带她去巴黎，她第一次参观了巴黎圣母院、埃菲尔铁塔等。此次法国之行让她深深地爱上了法国和这里善良友好的人们。

此次经历中，诗达不仅巩固了法语的学习，还了解了法国的文化，同时也学会了如何处理与他人的关系，提高了自理、自立的能力。

初中最后一年的夏天，12岁的诗达参加了国际交流生项目，再次来到法国。她住在法国南部的一个家庭中，交了不少朋友，也学到了不少法国香水制作方面的知识，至今我还保存着她从法国带回的含有香精的香皂。

这样的经历为她以后周游世界打下了基础。

高中、大学及大学毕业后的几年，她游历了世界上很多国家，除了去过欧洲、澳洲的一些发达国家外，还去了有着古老文明的埃及、以色列、巴勒斯坦、希腊、土耳其等地方。每到一处都试图学习和理解当地文化，不但去游人常去的地方，她更多的是去走访哪些不被游人关注，但真正代表当地人生活方式和文化的地方。

2016年夏天，准备到哈佛商学院继续深造之前，她辞去了工作，只身一人到非洲住了20多天，看了野生动物大迁徙，走访了很多当地民众，与原住民交朋友，教那里的上百名孩子瑜伽及健身理念等。虽然她只身在那里的日日夜夜我都非常担心，但也深深地为有这样一个有能力又有爱心的女儿而感到骄傲和自豪。

四、课外活动的收获

2003年的一个夏日，我突然收到天才少年中心（Center for Talented Youth, CTY）在美国约翰·霍普金斯大学（The Johns Hopkins University）的两个教育顾问的电话和邮件，祝贺诗达在他们举办的全美国少年学者庆祝会上的压轴戏——钢琴表演的精彩表现。后来我才知道，那天她穿了一条姥姥送给她的红丝绒旗袍，优雅端庄又富有中国韵味，用一曲肖邦降 b 小调第二钢琴奏鸣曲赢得了全场观众的起立欢呼，掌声达数分钟之久。那时她 14 岁，我听了这个消息后，喜极而泣。

◎ 选择与放弃

诗达从 8 岁开始学习钢琴，在很多人的眼里为时已晚。之所以这么晚，是因为她每个礼拜都要上几个小时的芭蕾舞课和游泳课，加之我的上班地点离家很远，没有时间接送她，所以不是很想让她学钢琴。但她多次要求学，我拧不过，只好让她尝试一下，请我的姐姐、姐夫帮忙接送她去上钢琴课。

她的第一位钢琴老师在波士顿地区的华人中小有名气，钢琴弹得很好，深受学生家长的认可，上课时间都排得满满的。我一直没有时间陪女儿去上课，在诗达开始学琴两三个月后，才去见了老师。下课后我向老师询问诗达学琴的情况，老师说："她音乐天赋不错，但是 8 岁了才开始学，太晚了，也就是扫盲吧。"我听后很不舒服，诗达学钢琴是认真的，她每晚都坚持练琴，更何况还要花很多时间在上下课的路上。经验告诉我，老师对一个学生的期望决定她给其上课时是否肯花心思。如果老师不认真对待，诗达的时间就白白浪费了。

女儿同意我的观点，我们决定换老师。可惜，尽管第二位老师热心又认真，却是学声乐出身，理论上可以教小孩学琴，但她自己不弹琴。如何弹出想要的声音，以及每种声音音色的不同，只能靠老师的描述和想象。我们担心这样学琴效果不佳，为此很是着急。

在一个周末，我们去听了一场钢琴音乐会。表演者是一位 50 多岁的俄罗斯钢琴家，从小在莫斯科钢琴天才班学习，后毕业于莫斯科音乐学院。音乐会上，我们听得如痴如醉，发现钢琴竟然可以弹得如此壮观、美丽和悠扬。中间休息时，我鼓起勇气带着诗达到后台找到她，并问她是否招收学生。没想到她非常平易近人，看了看诗达，又了解了相关情况之后说："你们下星期一过来，我要对她考核后再定。"这次见面决定了女儿在未来9年里艰辛的钢琴学习之路。

自从跟这位老师学琴之后，诗达坚持每天至少弹两个小时的钢琴，直到高中毕业，几乎从未间断。即使暑假期间她的老师到海边度假，也会邀请诗达一同前往。在那里她每天上课、练琴、听DVD里的音乐会，外加到海里去游泳。老师给诗达的特殊待遇是其他任何学生从未享受过的。

买钢琴、学钢琴、舞蹈、游泳等的花费对那时的我们来说，是一笔不小的开支，特别是这位俄罗斯钢琴老师收费比华人钢琴老师每小时要多15美元，每堂课的费用将近100美元（后来每年都在涨），因此花费明显更大了。为了让她珍惜这样的学习机会，我和她讨论学钢琴的费用。为了达到买琴和学琴的目的，她选择5年内不要生日礼物，不举办生日派对。

诗达小小年纪就放弃了大部分孩子都有的那份礼物。其实我们都知道，生日派对和礼物省下来的钱远不够买一架钢琴，但是她做出这个许诺表明了她学习钢琴的决心。

后来我常常会后悔曾经和她有过这样的约定，当她看到其他小朋友得到生日礼物时眼神里流露出的羡慕之情让我于心不忍。

◎ 坚持

诗达的聪慧与勤奋让她在钢琴上进步很快。俄罗斯钢琴老师非常欣赏她，学琴一年后就让她参加马萨诸塞州一年一度的钢琴比赛了。为了这次比赛，她更加努力地练琴。第一年我们在波士顿住的是租来的房子，冬天屋子里很冷，尽管我在她的房间里额外加上了小暖气，但她练琴的小手还是冰凉的。即便如此，她也从未有过抱怨或因此而放弃练琴。

不难想象，一个初学钢琴的学生和已经学习多年的学生一起比赛会是什么结果。第一次比赛时，因为紧张，诗达忘记了熟的不能再熟的一个音节，以失败告终。这是她在得到过诸多芭蕾比赛冠军后第一次尝到失败的滋味，虽然这次钢琴比赛没有得到名次是预料之中，但我和她还是一起流了不少眼泪。

原以为她就算不说放弃，至少也会要求短暂休息。但是，听到老师给她难度更大的新的曲子时，她兴奋得不得了，回家马上又投入了练习。诗达不但没有气馁，反而更加坚定了练琴的信念，她的坚强让我赞叹不已，此后女儿每天的进步都让我由衷地赞赏。

每次上钢琴课，我都会坐在房间的一角静静地聆听老师对女儿的教导。因此也自以为学到了不少音乐知识，至少懂得了如何欣赏。女儿练琴时，我几乎每天坐在沙发上听，不是监督她，而是纠正她弹琴的方法。很多时候她不服气，认为妈妈不会弹钢琴，不懂钢琴，不应指手画脚。而我则认为自己年纪大，理解力比她好，为此我们常常吵架。在她成长的过程中，钢琴给我们带来无穷的乐趣，但也成为我们吵架的唯一缘由。她因此流了很多眼泪，边流泪边弹琴。好多次她跟我说："妈妈，我流着眼泪弹琴时，乐谱的字好像更大了。" 我听了好惭愧，后悔自己之前的行为，我不仅是位虎妈，更是位残忍的虎妈。

更多的时候，我听着她的琴声，不知不觉地就睡着了。

诗达去私立高中住校后，家里没有了琴声，我反而睡不好觉了。

13岁那年，诗达以年龄最小的学生的身份被破格邀请参加美国最古老的艺术高中之一——胡桃山艺术高中的音乐夏令营，师从几位著名的音乐家。著名钢琴家殷承宗就是那年的教师之一。

高中期间，在繁重的学习之余，诗达担任两个俱乐部的队长，要组织很多活动。除此之外，她每周还有5~6次、每次2小时的游泳训练，周末经常会花一两天时间去其他学校参加比赛。因此，保证足够的练琴时间越来越难。每天完成游泳训练后，练习2个小时的钢琴，然后回到宿舍写作业，那时已是晚上9点以后了。而PEA的作业量比一般学校要多得多，特别是有大量写作。等她回到宿舍时，好多同学都已完成了大部分作业，而她才刚刚开始。诗达每天的睡觉时间很有限，有时为了完成作业，会彻夜不眠。即便如此，她从不抱怨，更不曾有过放弃的想法。但是，作为母亲，我对她的身体状况非常担心。

五、健康的身体——成功的前提

我从小身体较弱，很少运动，常常在家里看书、发呆，为此吃了不少苦头。来到美国后，我开始热衷于各种形式的锻炼，也尝到了身体健康的诸多好处，同时明白了身体好坏是可以掌握在自己手中的。

从诗达出生直到初中毕业，我对她的睡眠时间都把控得非常严格。不论多忙，即使交不上学校作业也要睡觉。因为她特别要强，不能接受不交作业这样的事，严格的作息需求反而让她学会了合理安排时间。

有了积极向上的态度，加上过目不忘的记忆力，她基本上学什么会什么。无论读书还是各项课外活动，她都能远远超出同龄孩子，在校内、校外颇受瞩目。

读大学以后，运动和课外活动的出色与否不再是一个人的晋升标准了，但她仍坚持练习芭蕾、瑜伽和攀岩等，而且尽量做到最好。

大学期间，诗达考取了水肺潜水（Scuba Diving）证书，她去过世界上很多漂亮的海域，美洲、欧洲、亚洲、大洋洲，都有她潜水的踪迹。

六、私立高中的选择

令人高兴的是，诗达同时被几所私立高中录取，每一所高中有各自的特色，都有很多著名人物，比如很多总统、州长毕业于这几所学校。每所学校都有傲人的 SAT 考试成绩和考上常青藤学校的记录。我们对最感兴趣的几所学校进行再次访问，找到相关老师和教练了解诗达喜欢的项目内容及开展情况。做选择非常难，因为每个学校都有其长处和不足，经过反复思考，综合考量各种因素后，我们最终选择了菲利普斯埃克塞特高中（Phillips Exeter Academy，PEA）。

◎ PEA 的综合理念

PEA 每年在全美私立高中评比中排名第一或第二，是文化色彩最浓的美国东北部新英格兰地区的名校之一。PEA 特别强调知识与品行的相辅相成，自建校之日起就致力于对学生知识、品德和责任心的综合培养。PEA 把对学生的学术能力、好奇心和良好品格的培养结合起来，积极鼓励孩子们开阔眼界、突破自我。除了上课时老师们在课堂教学中一直贯穿这个理念，在招收学生和组织活动时也以此为宗旨。

凭着这样的理念，PEA 招收了来自世界上 30 多个国家的学生。这些学生带给学校丰富多彩的文化、宗教和习俗。让来自世界不同地域、不同文化的学生一起学习，从而更能尊重不同民族和国家的宗教及习俗。

◎ 丰富多彩的课程

PEA 提供 450 多门课程，涉及 19 个学科领域，提供 20 种运动项目，110 个课外社团活动，9 种外文课程。这种规模的学校为学生提供了无限的学习和活动空间，堪比世界很多一流的综合性大学。学校定期举行大量的不同活动，培养学生的多项能力，指导和推动学生的体能发展，增进学生之间的感情。

在这里，每个学生都可以根据自己的喜好参与学校的活动，非常快乐，并且激情澎湃，每个人的学习和成长都可以走不同的路。

更加吸引我们的是，在 PEA，不论是舞蹈、钢琴还是游泳项目，都有全美国最好的老师和教练带领。"足不出户"就可以学到多年来我必须每天开车带诗达穿行于各地才能学到的课程，可以节省很多宝贵时间。

在游泳项目上，学校有校队（varsity）和预备队（junior varsity）两个队。开学后的几天，教练们就开始公开招收新队员。通过游泳速度考核的会被录用，其中成绩好的进入 varsity，即正式参赛代表队，有希望但需要更多训练的进入 junior varsity，即预备队。在后面的几年中，junior varsity 队员若成绩达到标准，会转入 varsity。竞争当然是很激烈的，毕竟想进入游泳队的学生很多。诗达多年的努力让她直接进入了 varsity，这在九年级新生中比较少见，一般都要等 1~2 年后才有可能。在高中的 4 年中，她和队友们每个星期有 4~5 次、每次 2 小时的训练，周末还常常代表学校出去比赛，这些活动使队友之间建立了深厚的感情。

学校为了激发学生的创造力，培养学生的领导能力，保证每一位学生都有自己喜欢的活动，还出资支持学生开创课外活动俱乐部。女儿入校不久即开办了"彩虹中国舞蹈俱乐部"。"彩虹"寓意用舞蹈和五彩缤纷的活动架起中国和美国的文化沟通的桥梁。她兼任队长、编舞和老师，参加这个俱乐部的不仅有华裔，还有美国及很多其他国家的同学。一时间，他们的俱乐部在学校小有名气，她表演舞蹈的照片被挂在学校招生办小楼里的醒目之处。

学校的音乐大楼里有一间可容纳百人的音乐厅、三间小型音乐厅，还有十几个供学生自己练习或上课用的单人琴房，每个隔音间都配有三角钢琴或直立钢琴。音乐总监在每个学期会组织多场音乐会，由学生乐队进行表演，有室内乐、交响乐等，演奏水平都很高。很多喜欢音乐的老师、同学和附近居民常来此享受美妙的音乐，我也是常客之一。

4 年的高中寄宿生活使诗达远离了我的视线，没有了我的监督，诗达依然没有间断钢琴学习。她每天至少练琴 2 个小时，期间不仅多次赢得各种钢琴比赛的冠军，还常常被邀请到各种庆祝活动中表演。

除了众多社团，学校还会邀请各领域有成就的人到学校演讲，开阔学生的思路和眼界。

为了让美国社会更多地了解中国文化，诗达担任了中国和亚裔学生会主席，组织多种活动，吸引了很多非亚裔学生参加，受到了来自各方面的关注。在她担任中国和亚裔学生会主席的一年里，把连年亏损、鲜有人知、需要向学校申请经费的俱乐部，变成拥有几百美元余额又备受欢迎的组织。他们自己设计的中国鸡年 T 恤衫等被一抢而空，可谓盛况空前。

除了在校内学习，学校还提供学生各种校外学习的机会。有的学生作为互换生去海外学校读书，还有的学生如前所述到美国首府华盛顿政府部门或参议员办公室做实习生。

◎ **独特的授课方式**

PEA 每年都会邀请学生的父母、亲人参观学校，让我们和自己的孩子一起上课或旁听感兴趣的任何课程，观看各种运动比赛项目、学生音乐会、话剧和舞蹈表演等，让我们感受孩子的学习和生活状态。在那里，我们认识了来自世界不同地域，有着不同语言、不同肤色的父母们，可以感受到大家对学校的欣赏和对孩子健康成长的欣慰。

PEA 所有学科的教授皆采用研讨班式的圆桌教学法，一般会有 12 名左右的学生与老师围圆桌而坐，座位没有首副之分，学生和老师坐在一起，平等交流，老师鼓励学生在课堂上表达自己的思想。大部分教材都是由老师自己编写，上课前一天，每位学生都要提前预习将要学习的内容。老师很少站在黑板前长时间讲课，课上同学们互相分享、讨论、质疑、思考及分析他们在课前所读到的内容。黑板归学生所有，为了让同学们了解自己的演算过程，学生可以随时站到黑板前演示。老师的作用是提醒、发问和启发。

这种教学法被称为哈克尼斯圆桌教学法（Harkness Table），由 PEA 首创。现在美国有一些一流私立高中也采用了这样的教学方法。

他们的学习过程近乎自学但又不同于自学。课上的大部分时间都花在学生和老师的对话和讨论上。课堂上，老师一般不会给出一个所谓的正确答案，同学们要通过自己的阅读、理解和思考，在课上讲述自己的思维过程，然后和大家一起讨论。当然，很多课程比如历史和文学阅读等，通常是不会有一个统一答案的。即使是数学，老师也从不给出答案，而是由学生们自己决定什么是正确答案。老师们特别鼓励开放思维，藉此来培养学生解决问题和表达自我的能力。

课上发言的次数是老师给学生打分的一个重要因素，寡言不语者会被扣掉分数。这一点中国学生要特别注意，因为太多孩子被教育成只会听讲，而不积极思考、主动参与的人了。

PEA 开设的课程种类多到足以让每位学生都受益。每年新生入校后会有多科能力探查考试，根据这些考试成绩，把新生按能力分配到不同的班级里。如有特别聪明的学生在某个学科已完成所有 4 年的学习，学校就会专门请专家为该学生一人开课。

在美国很多高中都开设 AP 课程，这是给超前学生开设的大学课程。PEA 的 AP 课程更是种类繁多。诗达刚进学校上九年级时，与十一年级的同学一起上法语课，当年就把法语的 AP 课程考完了。在化学方面，则是将两年的普通初级化学和 AP 化学在一年内学完。她对于数学的学习也超前，不仅很快学完了微积分，还在毕业前学了线性代数。

提前学完了高中 4 年的必修课之后，诗达有更多的时间选修自己喜欢的课程，比如微观经济学、公司运营、马克思主义基本理论等。

高中毕业时诗达已经通过 11 门 AP 课程的考试。

在 PEA 的 4 年为女儿的人生打下了坚实的基础。

结束语

此书写了很久，完稿时，诗达已经从哈佛商学院毕业，开始新的人生征程。

诗达从最开始就认为不一定要进哈佛大学读 MBA，所以收到录取通知书后，她仍然犹豫再三。通过我的坚持和家人的说服，她才同意到哈佛大学读书。两年来我心里有些负担，因为她回来读书可以说是为了让我高兴，如果这期间她认为没有学到东西而浪费了两年的宝贵时光，我会非常自责。

到毕业前的最后一天，她仍不认为来哈佛大学读书是必需的，但是她告诉我，在这两年里，她除了交了很多朋友，以及到各地旅行外，还尽量多选课程，选那些难以在其他地方学到的课程，所以上学期间她选的课程比大部分同学都多。另外，让诗达感觉收获很大的事情之一是她和另一位同学创建了一个公司，并在哈佛一年一度的创业比赛中拿到银牌，虽然几万美元的奖金不足以运转这个公司，但在整个过程中，她学习了很多。

　　我对诗达的培养和教育任务应该是完成了。她走过的每一条路，取得的每一点儿进步都让我高兴不已。在培养她的过程中，我自己也随之成长起来。可以说，正是因为有她，我的人生才足够精彩，这并非是因为我培养了一个成功的女儿，而是因为这期间我学到了太多太多，直至今天我仍在不断地学习新知，不断地挑战自己。我常常会与诗达分享我现在做到的但以前不敢做的事情，她会像当年我对她一样，给我鼓励和赞赏，这是诗达给我的最大的安慰。

努力吧！孩子，
你将不平凡！

第四章

（美）章珍珍

女儿信信 1995 年赴美，在阿灵顿天主教小学读三年级，之后转入牛顿市公立安德伍德小学；中学就读于牛顿市公立比阁娄中学（Bigelow Middle School）；2001 年进入私立高中菲利普斯埃克塞特中学（PEA，Phillips Exeter Academy）学习；2005 年起在 MIT 攻读化工专业，并获得学士学位；2009 年在默克制药公司工作 1 年；2010 年进入耶鲁大学医学院学习，获得医学博士学位；2013 年进入耶鲁大学商学院学习，获得经济管理学硕士学位；2015 年至今，就任于密歇根大学医学院附属医院，担任肾上腺病专科住院医生。

第四章
努力吧！孩子，你将不平凡！

一、不断努力，提升自己

◎ 从忙于应付到应对自如

记得当年，我接到信信姥姥的越洋电话，说女儿信信放学时被汽车撞了。我顿时吓坏了，不知道说什么好。尽管信信姥姥马上说没什么大碍。汽车把过马路的一年级的信信撞飞起来，摔在地上。送到医院检查时，没发现大问题。可我心里一直担心，会不会有内伤，尤其是大脑的损伤有时不能马上被发现，还可能影响终身……从那时起，我就不敢奢望女儿将来能取得多大的成就，默默地想平安就好。

女儿信信考入久负盛名的 MIT 和耶鲁医学院的消息，赢来了亲朋好友的赞誉"这女孩真聪明"！我们知道自己的女儿和千千万万的青年人一样，今天不平凡的成就，主要来自于韧性和在平凡中不懈的努力。从小学到初中，信信基本上就读于美国公立学校。经过国内的幼儿园和小学一年级的培养，信信的理科在美国学校里显得驾轻就熟。我们会常常带着"吃不饱"的女儿到附近书店买些课外辅导书，满足她的求知欲，不懂的地方她都会主动寻求爸爸的帮助。因为她成绩很好，学校的老师问她是否愿意给低年级的同学做辅导，她欣然应允。从此，她在初中、高中和大学期间一直给低年级学生义务地做数学辅导员。

在进入私立高中 PEA 之后，学校的功课不再像小学和初中那样容易。因为这所私立高中是美国数一数二的名校，它汇集了美国和其他国家通过升学竞争之后脱颖而出的佼佼者。PEA 为这些年轻人设计的课程对信信而言也不再简单。高中的第一个学期，她很不适应，功课特别多，不像初中时那样，时间很富余，常常是 10 点钟（熄灯的时间）到了，还没做完功课。室友是个美国女孩，因为体育特长招收进来的，一天疲劳的学习和运动之后，她能很快酣然入睡，而信信还要继续挑灯夜战，直到完成第二天必须上交的作业才睡觉，一天只睡四五个小时是常事。有一次曾焦急得一边哭泣，一边赶作业。女儿在寄宿高中开始时的困境，我浑然不知，直到学期结束，女儿透露对成绩的不满意时，我才关切起来。

依照学校的规定，从小学到高中，家长每年至少和学校指定的辅导员谈话一次，不论是公立学校还是私立学校都是如此。信信在公立学校期间，我每年和老师见面时，听到的都是千篇一律的赞扬。我也就不再认真对待这样的谈话，后来索性不再去学校与老师见面。但到了新的高中，我非常期待能多多了解女儿离家后在寄宿学校的方方面面，尤其是女儿那年才 13 岁，我心里不免有很多牵挂。于是，我们如约和辅导员进行了第一次正式谈话，她对信信的评价是待人友善、学习努力、性格内向。辅导员还提到，信信每个周末都回家，延迟了她的适应期，错过了一些周末的校园活动和交友机会。

我曾经认为，中文对女儿很重要，希望她能不间断地学习中文，了解中国文化。小学和初中时，每个周末我们都送信信去中文学校上课。上高中后的第一年，不论信信在学校的功课有多繁忙（其实，我也不知道她有多忙），仍然让她坚持每个周六回来，上周末的中文学校。往返路上要花去 2 个多小时的车程。由于睡眠不足，路途中女儿多数是在车内补觉。中文作业加上学校的功课，让女儿比其他同学更忙碌。

和辅导员谈话后，我们及时做了调整，中止了女儿的中文学习，能舍才有得。从此，信信可以把更多的时间用在学校的功课上，不再像以前那么紧张、急躁和忙于应付，并且能够选修一些具有挑战性的课程，加入一些新的社团，结交更多的朋友，逐渐进入状态。

◎ 从一言不发到善于表达

信信原本是典型的中国女孩的个性：内敛、含蓄、谦虚，不张扬，也不善于表现自己。在北京的托儿所里，排队时，她常常是跟在别人后面的最后一个。在小学的课后游戏中，信信也是被邀请了才会参与。高中第一学期的成绩不理想，和课堂参与度不高有直接的关联。这时我们建议女儿课前要多花点儿时间预习，在课堂上积极发言，参与讨论。现在回想起来，即使没有家长的提醒，到了那样的高中环境，女儿为了获得老师和同学的认可，为了取得好的成绩，也一定会改变自己。有一次我们请信信解释一下她学校的上课模式——哈克尼斯圆桌教学法，她举例说，上美国历史课时，按教学计划的安排，提前知道要学美国南北战争的历史，她就到图书馆看书、查资料，事先把南北战争的背景、原因、南北双方的观点等预习一下，并记下要点，作为自己在课上发言的材料。上课时，每位同学把自己的看法和疑问提出来，老师和学生各自发表评论，互相问答。通过这样一堂课的学习，就把南北战争的方方面面了解得很清楚了。

在家里，我们渐渐地、越来越多地听到女儿对学校里和社会上所发生的事件发表看法，我们也和她一起讨论其缘由和结果。一位传统的中国女孩，就在这样独特的环境中，反反复复地训练阅读、表达、归纳和总结的能力，逐渐地变成一位善于思考、有独立见解的现代年轻人。4年私立高中的经历，让女儿受益匪浅。虽然有刚入学时的困惑和挣扎，但经过及时调整和不断努力，高中毕业时，信信成为了年级的荣誉学生（honor student）。因为女儿在学校的优秀表现，我们家长也被邀请参加荣誉学生获奖宴会，受到了热情的款待，我们非常高兴，并发自内心地为她感到自豪。在此后的大学和医学院，遇到更多、更难的问题时，信信总能从容应对，积极地寻找办法，直到化解了难题为止。

二、坚持运动，培养毅力

◎ 跑步，从借故休息到自主坚持

美国新英格兰地区的冬天长达 6 个月，气候变化无常。冬天患感冒的学生陆陆续续，很少间断。我们家是医生世家，一直都很重视身体健康，除了饮食之外，运动是保持健康的必要条件。尤其是信信，上下学的路上都坐车，参加课外活动时也是车接车送，她必须选择一两项体育活动才行。美国有各种运动可供选择，考虑在运动中要少些身体碰撞，少些受伤的机会，我们给信信选择了非对抗性运动。初中期间，我们要求她早上提前到学校，去运动场跑步。开始时，她每跑一圈就会蹲下来系鞋带。看到女儿常常以系鞋带换来片刻的休息，我担心她永远克服不了最初的艰苦阶段。几圈下来，我实在忍不住了，很严厉地指出她系鞋带只是借口，偷懒才是真实目的。她虽然不高兴地否认，嘟囔着说是鞋带老松开，但之后，鞋带就系得越来越紧了，停下来的次数也越来越少，渐渐地，跑步的时间也越来越长。上高中之后，没有家人在旁边督促，她居然爱上了跑步，并参加了学校的长跑运动队，从此跑步不再是被动的了。每当我看到在路边或河边的小路上跑步的年轻人，就想到女儿也是他们中间的一分子。中学时被动的跑步，居然让信信克服了惰性，后来她爱上了跑步，并一直坚持了下来，把单调的运动变成了生活习惯，并乐在其中。

◎ 游泳，从起步落后到进步最快

游泳是一项全身运动，还是一项生存技能。

美国的游泳运动非常普及，很多孩子从 4~5 岁开始学习游泳，7~8 岁加入游泳队，进行训练和比赛。游泳队的训练非常辛苦，是高强度的重复运动，锻炼的是体力、耐力和毅力。美国游泳联盟有 2800 个俱乐部，40000 多名会员。俱乐部分布在各州，很多人口集中的地方都有青少年游泳俱乐部。俱乐部会员的年龄范围是 7~18 岁，囊括从小学到高中的青少年。

信信上初中才开始参加俱乐部性质的游泳队。每天放学后训练 2 小时，周六早上训练 2 小时，有时候周六会有游泳比赛。信信在进游泳队之前，没受过正规训练。刚来队里时，同龄运动员的技术都比她好，速度都比她快。与她在同一泳道的是年龄比她小，速度却比她快的运动员。对信信来说，会有些丢面子，就像十几岁孩子才上小学一年级一样。尽管当初信信游得非常卖力、认真，但仍然在慢泳道训练了一段时间。美国的青少年游泳比赛非常频繁，有时连着一两个周末都要比赛。他们的理念是：在比赛中锻炼，在比赛中提高。我们调整自己的工作时间，坚持尽可能多地带信信参加训练和比赛。有时早晨 5 点就到泳池训练，结束后再去上学；有时周末要开车几个小时到外州参加比赛。游泳训练和比赛占用了大量的休息和做功课的时间，信信常常在车上补睡眠，在比赛间隙看书、做功课。最初信信的比赛成绩不佳，参加比赛的意愿也不强烈。经过几次比赛，她看到自己的成绩和技术进步很快，增加了不少自信心。特别是她的蛙泳明显比别的运动员快，几个月内连升两个泳道。年终时，信信获得了俱乐部颁发的"进步最快奖"。成绩的进步是明显的，身体的日益健壮也是看得见的，女儿内心也变得坚强了。运动不仅能够锻炼身体，增进健康，长时间坚持有强度、有挑战的运动，也是对毅力的锤炼，有益于在今后的人生中克服困难，取得成功。

加入游泳队的几年里，女儿既锻炼了身体，又增强了毅力和竞争能力，还结交了新的朋友。因为人的本性是不认输的，长期在竞赛环境中训练的结果是：渐渐地、自然地接受了竞争意识，并积极地参与其中。

三、涉足艺术，训练耐心

◎ 学钢琴，从好奇到喜爱

给信信买钢琴之前，我反复问她是否要学，能不能保证每天练琴，得到肯定的回答后，我带她去挑选了一架中等偏低价位的钢琴。付款时我再次问她："这是咱家除了买房、买车之外最贵的支出了，你确定要好好学、好好练吗？"我的一位朋友，她10岁的女儿极力央求妈妈给自己买个宠物小狗，并向妈妈保证，自己一定每天照顾小狗，喂食、洗澡、带它出去大小便等。可小狗买来不到三天，这些事就全由妈妈代劳了。当时我女儿8岁，我也不能确定她是否会像朋友的女儿一样，只有三分钟的热度。我希望培养信信在音乐方面的基本知识和技能，提升她的音乐素养。钢琴是乐器之王，音域广，容易弹奏出悦耳动听的音乐，容易表达曲目的喜怒哀乐。弹琴时，需要左右手做出复杂的、协调的动作，对左右脑都是很好的训练。权衡利弊之后，我当即下决心，把钢琴买回来了。

买下钢琴容易，每天坚持练琴可就不那么轻松了，像许多家长一样，我也多了份陪练的苦差。信信开始学琴时，我在厨房一边做饭，一边督促她弹琴。没过多久，就发现她不能集中注意力，弹一会儿琴就找个借口站起来玩一下，或跑到厨房来找我说说学校的事。半小时过去了，一首曲子的开头都没学会。我干脆坐在钢琴旁边的沙发上，心想有人陪着她，就不会孤独，还能鼓励她，时不时地夸她弹得好听。我若是喜欢其中的某一段，更是搜肠刮肚地发表感想。但常常没过多久，我自己就坚持不住了，尤其是那些优美、流畅，如高山流水般的音符，以及从节拍器发出来的有节奏的滴答滴答声，绝对是催眠的良方。当琴声戛然而止，我才会猛地从睡梦中醒来，好在懂事的信信没有让我尴尬。为了给她做个好榜样，我不得不站在钢琴旁，随着音乐的节奏，用手打着拍子陪练。

练琴，不仅信信需要耐心，我也要耐着性子陪她坚持下去。我常常在一旁连说带哄，尽量让她在钢琴前坐的时间长一些，哪怕多弹5分钟也好。她练琴不顺利时，不免心情急躁，总爱看墙上挂着的钟，觉得时间过得很慢。其实，我也在偷偷地看钟，希望在不知不觉中练琴的一个小时就过去了。但嘴上却说："你的心太浮躁，要沉下心来练，要专一，功到自然成。"随着年龄的增长，信信弹的曲目逐渐加长，也更加复杂，坐在钢琴前的时间也越来越长。从半小时、四十五分钟、一个小时，到两个小时。每当她不想练琴的时候，我就会提醒她：这是你要求学的呀。并把我们都认识的一位女孩的故事讲给她听。

渐渐地，信信练钢琴不需要我的陪伴了，有时为了演出，一首曲子要反复弹上几个小时，有一点点犹豫、没背下来的部分都要重弹。这时我会说："别人听不出来那个小错，没关系的。"作为母亲，心里有时会矛盾，既希望女儿认真，又怕她过于认真，有碍健康。可女儿追求完美，还要接着练。我们心里清楚，弹钢琴是为了培养她对音乐的兴趣，不是当钢琴家。但是为了检验她的钢琴水平，老师让她参加了钢琴级别的考试。从初级到高级，一直考到高中毕业。

读高中后，信信在学校住宿，不再有人监督和提醒她练琴。学校每年都举办音乐会，台上的年轻"音乐家"们都是层层选拔出来的。信信以此为动力，坚持练琴，每年都在学校的音乐会上演出。有一次，我们去学校看她，到了宿舍，发现她没在。我们在音乐大楼里挨个房间找，终于在一个空旷的房间，透过玻璃窗看到一架大三角钢琴前坐着一个单薄的小女孩儿，正是信信。至今，那架大钢琴和信信小小的身躯，一大一小、反差鲜明的画面仍常常浮现在我的眼前。我们知道她已经走在了享受音乐的道路上，不再需要强迫自己耐着性子弹琴了。

高中毕业前，信信举办了个人音乐会，有独唱和钢琴表演。她邀请独唱时为她钢琴伴奏的老师和同台演出的同学们一起反复排练，以求完美。从节目的编排到邀请函的印制和发放，从音乐会场地的布置到录像器材和人员的确定，事无巨细，都是信信和她的同学们一起筹划的。音乐会那天，我们坐在观众席上，欣赏着台上一幕幕的演出。很多曲目我已经不记得了，但由她的钢琴老师伴奏，信信独唱的曲目《橄榄树》，让我终生难忘。在舞台中央，信信身着一件碎花的拖地连衣裙，站在一架大钢琴前面，既是一位妙龄少女，楚楚动人，又像一位年轻的艺术家，端庄大气。她深情地用英文介绍了这首中文歌曲，她说："这是一首我喜爱的思念家乡的中国歌曲，今天把这首歌献给母校，母校就是我的故乡，令我永远爱戴、永远感激、永远怀念！"之后随着她清柔甜美的歌声："不要问我从哪里来，我的故乡在远方……"台下的掌声跌宕起伏，一潮高过一潮。在那一刻，我们的心都融化了……

◎ 学画画，从无聊到享受

信信从7岁开始学画画，并不是我们有意培养她的绘画才能，而是因为我们周六上班，没人陪她，便帮她在一家中文学校报了名。最初，画画课不过是和同学们一起涂颜料、画图案，消磨时间。一段时间下来，老师表扬她，说她画得不错，进步很大。对于我这个没有艺术细胞的人来说，信信的确画得很好，自然也没少夸她。听到别人的夸奖，信信就很开心。

信信有两幅画，给我留下了深刻的印象。

一幅是她送给弟弟的出生礼物。原本是为了参加某个画画比赛，老师让学生自己选题材。那年女儿 11 岁，她画了好几幅不同题材的画，都不满意。当时弟弟刚出生不久，我就提议画张弟弟的画像，可以当作纪念，而比赛是次要的。信信虽然不擅长画人物，但还是接受了我的建议，最终选定了一个很不错的创意：小弟弟（小男孩儿的背影）面对一个庞大的地球，手中挥舞着一支大大的笔，正在着墨地球。她反复画了无数遍，都不满意，中间也曾想放弃，另选主题。她焦躁地说："总也画不好，都修改一百遍了，不要再画了。"我知道她看过爱迪生的故事书，就鼓励她说："爱迪生为了发明电灯，实验失败了六千多次，最后还是成功了。你才画了一百次，接着画，直到你自己满意呗。"她最终坚持了下来，一直修改到没有大的缺陷为止。我很为她那幅画的题材而感动，现在想起来，都觉得信信的想象力着实很丰富。

另一幅画是石膏像的素描。那是高中的一个假期，信信每天到老师的画室去，坐在那个石膏像雕塑的前面，仔细地端详、描画。一天 4~5 个小时下来，却只能完成一个角。那幅画，信信花了一个月才完成那细细的、均匀的、或直或弯、或浅或深的铅笔线条，看着画面上呈现出立体的、深邃的眼神，我问她："你不觉得很单调吗？几个小时坐着不动。"她说："我很喜欢静下心来画画，感觉很放松、很享受。"

弹琴和画画都可以培养耐心。信信曾说起，大学期间，为了复习功课，她可以在图书馆坐一整天，一动不动地看书。

四、尝试培养自信

◎ 语言过关，学业增自信

信信转到美国公立小学后，结识了一些来自中国的小朋友。出于语言和文化的因素，她几乎只跟几位中国小朋友交往，小学期间是她从中国文化到美国文化的过渡期。

中学期间，随着英文水平的提高，学习成绩日渐突出，信信获得了老师的赞赏和同学的认可。信信曾说，学校的老师和同学越认为我聪明，我就越要努力。我要表现得更好、更聪明。课外活动（游泳、画画、钢琴）所取得的成绩，也给女儿带来了很多褒奖。这时的信信就像她的名字一样，非常自信。这是女儿对美国文化的适应期。

进入竞争激烈的著名私立高中后，女儿的自信心经历了由高变低、再由低升高的过程。这里云集了优秀的学生，除了文艺、体育非常出色的学生外，更多的是有头脑、有抱负的学生。信信在初中参加过学校的数学竞赛队，自以为数学很棒，到了高中也想参加，结果第一次活动她的自信心就受到了打击。一位高年级学生在黑板上写的公式，她一点儿都不懂，第一次历史考试得了80多分，过去那个自信的信信不见了。看到她情绪低落的样子，我们告诉她：高中与初中不一样，那里强手如云，每位同学的背景都不一样，有些同学可能早就学过信信从未接触过的知识。这所高中提供了不同水平的课程，学生可以根据自己的能力选课，即使是高一的学生，也可以选高四的课程。知道了自己的不足，信信就主动要求在暑假期间上高一级的数学班,还自学了很多数学知识,开学后数学就跳了一级。在其他课程上,她也花费了很多的时间,成绩慢慢也好了,重新找回了自信。高中四年,她前后参加了学校的水球队、长跑队、飞盘队、合唱团、小乐队、音乐演奏会,还创办了环保俱乐部。原本内向、敏感的女儿,变得不再胆小、懦弱,而成为大方、自信的高中生了。

◎ **研究课题,同学巧帮忙**

高中期间,信信为了一个研究课题,自己设计了一份调查问卷,需要几百位学生填写。由于第一次做这样的调查,信信担心每一届的同学都很忙,自己又不认识他们,他们未必肯花时间帮忙填写。第一天,她很不好意思地把一张一张问卷递出去,别人的回应不是很积极,这令她有些彷徨。后来她邀请一位美国女孩儿帮忙,和朋友一起站在学校的食堂门外,信信变得有底气了。等同学们吃完晚饭,三三两两地出来时,她俩热情地邀请他们帮忙填写问卷,并馈赠以巧克力,最后成功地回收了几百张问卷,信信顺利地完成了她的论文。女儿在电话里非常开心地告诉我这个消息,描述了她从开始如何不好意思,如何胆怯地小声请人填写问卷,到后来张开笑脸,大方地一手递出巧克力一手递出问卷的情景。我仿佛看到了电话另一头那满心喜悦、满脸自信的女儿。

五、旅游吸吮精华

◎ **体验中国文化**

信信上小学和中学时,每到暑假就被我们送回中国,住在姥姥或奶奶家。像贴邮票那样,我们总是委托航空公司把她从波士顿送到首都机场的舅舅手中。在中国，姥姥请老师给她辅导中文；参加中国暑期游泳训练；带她到农村教英文，和农村孩子一起到地里干活。在中国与美国看到的不同现象，经历的不同事情，让信信知道，不同国家和地区的孩子，有着不一样的条件和环境。她也和当地孩子一起爬树，骑在农家院墙上。到高中之后，她可以自己去中国旅行了，我们就鼓励她到各地走走。有一年的暑假，她只身一人参加了为期10天的"丝绸之路"火车之旅。从北京到乌鲁木齐，沿途下车参观了很多名胜古迹。为了让信信对中国文化感兴趣，我利用她在中国过暑假的时机，请舅舅每天给她讲授中国历史和哲学。北京大学毕业的舅舅知识渊博，有着深厚的中国文化底蕴，退休后仍然每天花费两个小时，坐公交车到北京图书馆看书，研究历史文化。信信断断续续地从不同方面、不同途径，点点滴滴地学习中国文化，在她的心里深深地刻上了中国的烙印。

信信大二暑假时在一家中国公司工作。工作期间，她曾想方设法，通过朋友的关系找到附近的医院，希望能利用业余时间做志愿者。美国的医院有完善的志愿者项目，为任何愿意帮助病人的志愿者提供机会。信信曾在南美洲玻利维亚的无国界医生的诊所当过志愿者。她说，帮助病人的感觉非常好，既有挑战，又有收获。这也是她最终选择当医生的原因。在当时的中国，医院里没有志愿者的项目。信信就帮助医院参考美国的模式建立了一个志愿者系统。过程并不顺利，这个志愿者系统最终没有完成，她为此一直感到很遗憾。

◎ 免费游历欧洲

在大学期间，信信申请到了去英国剑桥大学学习一年的机会。在剑桥期间，她更是像海绵一样，抓住任何机会学习和吸收英国和欧洲各国的优秀文化。英国法律允许18岁以上的成年人饮酒，所以剑桥大学的各个学院都设有酒吧，这是美国校园没有的文化。信信说,要用自己挣的钱去旅游,于是她就在校园内的酒吧学会了调酒,做调酒师赚钱。

她利用促销时只要几欧元的机票到欧洲各地旅游,曾分别免费借宿在 20 多个陌生人的家里,即所谓的"沙发漂流客"。在与寄宿家庭的互动中交流、学习各国文化。她常津津乐道地和我们分享旅途见闻。在挪威时,她借住在一位热情的当地人家里,主人不仅带她参观小镇,品尝美食,给她讲解当地文化,还带她去教会,给她详细讲解此宗教的特点,介绍教堂修建中发生的故事,最后还带她坐私人游艇观光。信信这张中国面孔,使得思想开放的欧洲各国的主人们对她具有的中美两国的背景很感兴趣,希望从她的角度了解中美文化的差异。信信也非常庆幸自己来自中国,能把中国的文化传递给他人。她常常带一些中国的精美艺术品和 MIT 的纪念品,赠送给热情招待她的主人们。

有一次我们全家去德国旅游,在慕尼黑附近的阿尔卑斯山滑雪。女儿滑得非常开心,滑雪场关闭的时间快到了,信信和很多人一样,想抓紧机会坐上最后一趟缆车上山。可能是由于匆忙、大意,她从山上滑下来的时候,选错了滑雪道,滑到了山的另一侧。等她意识到时,整座山的滑雪场就要关门了,已经没有上山的缆车,信信无法回到我们的驻地。这可把我们急坏了,各种意外的臆想一股脑地涌上来,头大得不能冷静思考,胸闷得不能正常呼吸。眼看着热闹的滑雪场很快就人走车稀,我们无计可施,正准备报警时,看到信信拖着疲惫的身躯,扛着滑雪板,从山下走来,我们悬着的心终于落下了。原来,她发现不可能再有缆车上山后,就直接求助于当地的一对正在收拾滑雪用具准备回家的夫妇。他们弄明白了女儿的困惑后就开车沿着山下的路,绕了一大圈把女儿送到滑雪驻地附近的山下。信信后来说,就是因为她旅游中经历过许多问题,所以她知道不能慌张,要冷静地寻找解决问题的方法。

因为有很多免费寄宿的经历，为了感激和支持这个有意义的全球免费寄宿活动，信信也把我们家放到免费寄宿的名单上。她放假回家的时候也接待了一位从华盛顿地区来的年轻人，并带他到附近参观。那位青年离开时留下一封情真意切的感谢信，想必这是信信他们的常规吧。

◎ 冒险跨国募捐

最值得一提的是，信信与另外两名大学生一起参加了剑桥大学的一个募捐活动。一男二女，三人从英国坐车到法国，然后从法国一路搭顺风车到西班牙，又从西班牙的马德里搭车到达北非的摩洛哥。全程有2800多公里，花了5天的时间，沿途一边观光，一边募捐。在法国，他们三人幸运地搭上两辆开往西班牙的大卡车。在路途的休息站，两辆卡车的司机们像变戏法一样，变出一套厨具、炉灶、肉和菜，然后下车烧饭。不一会儿，一顿美味佳肴就呈献在大家面前。女儿至今还怀念那顿独特的美餐，在欧洲搭车的路上，驾驶超大卡车的大男人们自己动手，操刀烧饭，宴请三位不同种族的大学生，大家围坐在一起，其乐融融。在西班牙马德里的一个加油站，他们顺利地搭上了一辆回摩洛哥的汽车，北非明珠摩洛哥给他们的旅途画上了一个圆满的句号。

这一趟旅行，除了给剑桥大学募捐到约300英镑外，他们自己的社会观察和体验的收获是无法用金钱衡量的。搭顺风车不是很容易，有时要等好几个小时才能遇到一位愿意让他们搭车的司机。后来他们发现，到路边的加油站较容易搭车成功，因为在加油站有机会和加油的司机交流，有时间解释他们的请求，而女生出面交谈也比男生更容易些。所以三名学生经常是男生看行李，两名女生到路边拦车，和司机商谈。他们三人，可谓是精心策划的组合。男孩儿来自法属殖民地，会讲法语和阿拉伯语，负责解决在法国和摩洛哥的语言问题；白人女孩儿那种与生俱来的大胆和大方，使得交流变得顺利和自然许多；而信信可以讲一口流利的西班牙语，在西班牙的活动中，她是主角。

从中学到大学，信信一直喜欢学西班牙语。为了练习语言，她特意到讲西班牙语的玻利维亚做志愿者，暑期在西班牙巴塞罗那大学做研究工作。那个暑假，信信不仅得到了很好的研究机会，发表了论文，她的西班牙语水平也得到了很大的提高，进一步了解了西班牙文化。这三人的组合，代表了世界的多元化，代表了年轻一代的开放和勇气。

信信不仅到发达的欧洲国家学习和旅游，还专门去南美洲和非洲国家做专业方面的训练，如到南美洲秘鲁的利马医院实习，参加墨西哥大学医学院的研究，等等。为了积累传染病病种的治疗经验，她特意去厄瓜多尔和非洲的安哥拉、乌干达做传染病的实习医生。因为很多传染病在美国已经被控制了，而非洲和南美洲的人们依旧饱受多种传染病之苦。在非洲和南美洲，人们就医极为困难，常常眼看着被抬进来的危重病人又被抬走。原因是，病人需要先做化验检查，医生才能诊断和实施治疗。可是病人没有财力缴纳费用，医院的医生们也无计可施，所以每天都有得不到医治的病人。她曾说，在乌干达由于资金极其匮乏，国际援助也杯水车薪，医院设备陈旧，药品匮乏，外国医生们常常需要从美国携带药品补给当地医院。更有甚者，当地医生常常连续数月领不到工资。终于有一天，医生们罢工了，整座医院只有他们几个外国医生在忙碌，一两个医生负责照顾一层楼的几十甚至上百位病人。当地的有钱人和外国人生病的话，可以用飞机送到外国的医院医治。老百姓的日常生活条件很差，即使在城市，每天也只有两个小时供水，四个小时供电。

我们一直怀着复杂的心情，对待信信去非洲参与医疗救治这件事。我们不曾反对她这样做，并为她富有同情心、博爱助人的行为而骄傲，但是，她在非洲的每一天，我们都提心吊胆，格外关注新闻，生怕有任何意外发生。怕她生病，怕她遇到战乱或绑架等。我们不止一次地叮嘱她：要常发照片回来，常通电话。直到收到她返美的飞机着陆的消息，我们悬着的心才得以落地。

六、减压安定情绪

◎ 情境转换

高中四年高强度的学习和大量的课外活动，让信信收获颇多，但精神上的高度紧张和睡眠时间不足的情况一直延续到大学。MIT更是以功课难度大而著称于世，化工专业每隔1~2周就有考试，学生在考试前常常彻夜不眠，考试成绩平均是50~60分。我一直担心信信承受不了这么大的压力。报考大学时，MIT是女儿的第一志愿，不是我们让她报考的。选择专业时，我一直建议她将来学医，以便在大学选修相对简单的生物课。但信信后来告诉我，因为我常说要她学医，她偏偏不要学医。结果她选了化工这一最难读的专业。我感到安心的是，她在MIT上学，离家很近。虽然除了放假，平时她基本上不回家，但我时不时以借口给她送东西去看望她，去听她们合唱团的音乐会时，还能见面聊一聊，看到她开心，我就放心了。在大二时，她说学习太累了，几乎要崩溃了，要寻找机会放松、减压。大学三年级，她如愿以偿地申请到去英国剑桥大学学习一年的机会。在剑桥大学的一年，她得以喘息，因为剑桥大学只有期中、期末两次考试，有些课程还是她在MIT已经学过的，她正好能消化、吸收得更好。功课的负担不重，业余生活可以很丰富。而且，剑桥大学的教授的风格和 MIT 的不一样，信信更喜欢新颖、轻松的"剑桥风格"。

在高中和大学期间，信信舒缓超负荷的功课压力的方法是：积极参加合唱团的训练和演出。既参加全校大的合唱团，还自己组织了只有几个人的小合唱团。参加合唱团的第一年，因为信信没有任何唱歌基础，所以没能进入高水平的合唱团。为了能加入喜欢的合唱团，她特意利用暑假，跟着专业的声乐老师学习，提高声乐水平，第二年如愿考入高水平的合唱团。唱歌能很好地舒缓压力，而且，集体活动时的互相交流能增进同学之间的友谊。大学毕业后，不论信信到哪儿，哪怕只是一两个月的短期活动，她都要找当地的合唱团，想办法加入。同时，她也酷爱旅游，她最喜欢到各地演出，因为这样可以免费旅游。

在一定的压力和挫折下，人的潜力才有可能被激发出来，但是长期和过度的压力会导致信心丧失、精神崩溃，必须及时地找到纾解压力的方法。美国所有的高中和大学都配有专业的心理辅导人员，及时为学生提供帮助。

七、选择氛围——环境影响深远

◎ 听讲故事 逛博物馆

毋庸置疑，环境在一个人的成长中起着非常重要的作用，包括家庭环境、学校环境和社会环境。父母能够做到的是创造家庭环境和选择学校环境。

家庭是孩子接触的第一个环境，也是对其影响最大的环境。父母、祖父母等其他亲属，日常生活中点点滴滴的、有意或无意的言语和行为，都会对孩子产生直接的影响。信信的姥姥、姥爷常常给她讲中国的历史故事，说古论今。现在想想，真的要感谢祖父母们对信信的培养。为了开阔女儿的视野，我们常常带她去不同的地方。在北京时，我们常抱着不满一岁的信信到北京美术馆、王府井大街去游玩。她什么都看不懂，我们也不需要购物，只是为了给她以丰富的色彩刺激，使她的大脑活跃起来。在日本和美国，周末一有空我们就会带她去图书馆、儿童博物馆、水族馆、科学博物馆、美术馆、植物园，当然也少不了迪斯尼乐园。

◎ 择校

我们都知道"孟母三迁"的故事，本着有利于孩子教育的目的，努力为她选择力所能及范围内最好的学校。小学、初中和高中我们做到了，有意识地为女儿选择了特定的教育环境。刚到美国的那几年，由于文化差异和语言障碍，人地两生，我们忙于工作，忙于生存，没有能力考虑私立学校。在信信七年级下学期时，一个偶然的机会，我了解了私立学校和公立学校的不同，以及各私立高中之间的差异。有一天，我在超市排队等待付款时，看到一本介绍私立高中的杂志，当即就把它买了下来。回到家，我对这本杂志做了一番仔细的研究，倍受启发。随后，我和信信商量，决定报考私立学校。当时想法简单，因为我工作很忙，又有了第二个孩子，不太可能每天花很多时间送女儿参加课外活动。而私立高中，有钢琴老师，有游泳教练，有专职老师帮助申请大学。之后我们就按杂志上的排名，申请了5所高中，又参观了这几所高中。后来我们才知道，当年我们把这个过程弄反了，应该先参观后申请。

申请私立学校需要老师的推荐信。初中的老师知道后，主动给信信写了推荐信。但是，如何应对升学面试，我们完全是"丈二和尚摸不着头脑"。我们心想，信信那么优秀，学费又是由我们出，学校得由我们挑！在完全没有准备，也不知道需要做些什么准备的情况下，我们就去参加面试了。更不知道面试完学生，还要面试家长。不知天高地厚的我，竟然把面试的角色搞反了，针对学校的安全措施、教师背景等提出了一大堆问题，真以为自己是在挑选学校呢！结果可想而知，在前两所学校的面试中，我的表现在他人看来是极其糟糕的。最后发榜时间到了，信信被三所学校录取、两所待定。信信写信放弃了待定的学校，兴高采烈地选择了她最喜欢的高中。

◎ 情绪管理的培养

教育女儿的过程有很多的缺憾，当时并没有这种感觉，现在回想起来恍然大悟。情绪管理是我的短板，自己做得不太好。早年没意识到情绪的重要性，后来发现女儿是自己的复制品，常会情绪急躁，和家人讲话有时会不耐烦。这时我才意识到情绪管理的重要性。

信信小时候，一不高兴就会重重地跺楼梯上楼，重重地关门，然后哭泣。我们会采取不理会、冷处理的对策，等她自己平和下来。我们确实不知道如何主动引导孩子控制情绪。信信是从上了高中独立生活后，才渐渐地学会控制情绪。她说这对结交朋友，与同学、老师和同事的交往非常重要。她学会了有情绪就说出来，让自己和对方了解，这样往往能更好地解决问题。

八、公民教育——女儿教育父母

◎ 环保不分场所

信信上高中期间，加入了学校的环境保护俱乐部。俱乐部的成员每个月都到附近的海边拾垃圾，并在每个宿舍楼下摆放分类回收垃圾箱，宣传并大力减少塑料用品和一次性用品的使用。信信的环保意识也影响我们家，环保从自家的每一件事做起。她坚持不让我们买瓶装水，请客也尽量不使用一次性餐具，垃圾一定要分类回收；到餐馆吃自助餐时，她要求我们尽量使用同一个盘子，不要常换干净的；在旅馆住宿不能每天换浴巾、被单；去菜市场买菜要自带环保购物袋，反对使用塑料袋。女儿不在家时，我们可能会大意些，但知道女儿要回家了，我们一定小心翼翼地做好每一件小事，凡事都要符合环保要求。否则，会遭到她严厉但善意的批评。

◎ 在加纳给花生除壳

大学期间，信信参加了非洲加纳的扶贫项目。MIT的发展实验室（D-Lab，Development Lab）为学生提供了帮助贫穷国家或地区解决实际困难的机会。这个项目的目的是利用简单的技术为贫困社区解决实际困难。学生应用所学的知识，使用就地可取的材料，制作当地需要的设备，并教会当地人制作和使用这种设备。学校每年会选择一个扶贫地区，派学生到那里去。信信去参加扶贫那年，学校选择的是非洲加纳。

信信回来后说："在加纳的首都，超过三层高的建筑不多，人均收入每天1美元左右。贫穷的农村没有电灯和自来水，人们过着日出而作、日落而息的生活。"MIT的学生分成几个小组，带着事先准备好的设备，分别到最贫困的地区。信信所在的小组带去了剥脱花生壳的机器，教会当地人制作更多的机器，提高剥脱花生壳的效率；有的小组利用加纳当地的粘土和材料制成饮水过滤器，解决当地人饮用水的卫生问题；有的小组制作了便携式玉米脱粒机，帮助当地人简便、快速地剥脱玉米粒；有的小组把自行车改造成脚踏式洗衣机；有的小组利用废弃的大油桶，教当地人如何把农作物的废弃物，如玉米梗和玉米须，一起放进汽油桶里将其点燃并烧成炭，混合一点儿容易得到的淀粉类植物（如土豆），一起捣成煤粉，之后再成型（像我们小时候使用的煤球或蜂窝煤），供燃烧使用。

通过几个星期的扶贫活动，信信不仅为能帮助别人而高兴，而且会为学到了不同文化，了解了当地的风土人情而兴奋好久。

我们问过信信："你最喜欢 MIT 的什么？"她说："培养学生的创意和团队合作精神。"学校给学生提供复杂的项目，而且必须是团队合作才能完成的，最大化地激发学生的发明创造能力，培养他们既要挑战自己又要寻求合作的能力。

潜力由努力挖掘出来，没有了努力，多么聪明的人也会变得平庸；平凡的人通过努力变得不平凡；韧性和自信来自于不断地尝试，失败了再尝试，不断重复，直至成功。父母的作用在于：做好自己，引导子女，不能强求，不能替代。子女的路最终是由他们自己走出来的。这条路不是笔直平坦的，而是上下起伏的波浪形的。身为父母，我们的责任只是给他们指出方向，在他们跌倒的时候扶一把而已。

家庭教育的力量
十位 MIT 学生家长的教育手记

相信你的孩子

第五章

刘军涛

在教育孩子、和孩子一起成长的过程中，我们有两条重要的心得。一是我们相信孩子的上进心，相信孩子有追求优秀、努力获得社会承认的天性，尽量避免给孩子做各种励志的说教，我们认为这类说教往往是引发孩子和父母矛盾的原因。二是我们相信孩子有充分的学习能力，但这个能力因人因时而异，能力的发展需要一个过程，天赋不同，早晚快慢也不同，家长不但要因材施教，更要因时制宜，不能一味地贪多贪快求早。

一、早教的分寸

人人皆知早婚不好，因为身体发育还不成熟。同样，超前于心智发育的教育也会违反自然成长的规律，损害心智健康。

女儿小时候只喜欢球，别的玩具大部分都没有拆开，我们没有跟她说不能浪费；女儿念唐诗时总是有几句不对，我们哈哈一乐，没有非要纠正到正确不可；姥姥教孩子数数，有人说女儿后来数学好是姥姥的功劳；女儿自己要学舞蹈，学了两年以后，发现完全不得要领就退出了；女儿自己要学钢琴，我们就鼓励、督促一点，她一直坚持学习，花了很多时间，尽管成绩一般，但我们一样支持。

现在回想，如果当初非要求孩子把唐诗念准了，她现在还会那么热爱中文吗？如果当初在钢琴的学习上把孩子逼得痛苦不堪，她的水平是不是就能提高或是从此不敢学习任何其他乐器？其实女儿是非常喜欢舞蹈的，高中最后两个学期的体育课都是选的舞蹈，进入 MIT 以后也加入了舞蹈俱乐部。但是，她小时候理解老师的指令和舞蹈动作都比一般人慢，如果当时我们逼得太急，又会怎样呢？

管得太严，逼得太急，会让孩子对自己失去信心，也会和父母产生对立意识，或者不敢尝试新东西，因为害怕达不到父母的严格要求。

当大部分家长热衷于送孩子上尖子班的时候，我们反而担心由此给孩子带来的额外负担。

在女儿小学三年级下学期的时候，县里有尖子生选拔考试。女儿在学校的成绩并不突出，我们很犹豫让不让她去。因为在二年级时，县里曾经组织过一次类似智商测试的统考，女儿的成绩并不理想。这次测试的重点是知识量，我们实在是好奇女儿所掌握的知识到底处在什么水平，所以决定让她去试一试。妈妈和女儿交流了好久，试图说服女儿参加考试，其间说了不少甜言蜜语，最后她终于答应了。

考试的当天早上，妈妈开车送女儿去上学。在车上，妈妈叮嘱女儿别忘了考试，没想到女儿突然改了主意，说不去参加考试。妈妈一脸愕然，稳住方向盘，虽然很无奈，但只能作罢，不去就不去吧。

不用说，这件事情让我们有点沮丧。放学回来后，女儿突然说她去参加考试了。我们十分惊喜，连忙追问她为什么改了主意，她说只要她愿意参加考试，老师就答应给她做五年级的数学题。我们问她考得怎么样，她说难，好像还漏了一页题没做。我们听了觉得没戏，也就将此事放下了，没有再提。大约过了两个月的时间，我们接到综合两次考试的成绩，学校有三个孩子进了尖子班，其中就有我们的女儿。

这个消息说明我们的女儿还不算笨，但我们确实发愁，要不要进尖子班。若是进尖子班，跟不上学习进度，被退回来，女儿的自尊心就会受到极大的打击。她本来就是一个没有自信心的孩子，如果再因此受打击，以后该怎么办？若是不进尖子班，就失去了一个机会，这对孩子来说是不是不公平？患得患失的我们思来想去，也征求了老师和朋友的意见，在纠结了几个月之后，我们还是决定让女儿去试一试。

二、老师投诉了，怎么办？

如果孩子自然成长，且样样优秀，父母当然会感到幸福快乐，看孩子百般顺眼。但当孩子的表现不如人意的时候，父母将面临来自各方面的压力。最常见的压力就是学校老师的投诉。老师上门投诉，本来淡定的父母往往就不淡定了，怎么办呢？

每个孩子都是不一样的，而学校只能提供统一的教学，学生要遵守统一的教学进程。老师的投诉往往只能说明孩子的特异性表现和学校的普遍性要求之间出现了矛盾，而不是孩子真的有什么问题。在这种情况下，父母一方面要保护孩子的自信心，另一方面要加强和老师沟通，让双方充分地了解孩子的状况，寻求针对孩子的特异性的教育方式和内容。父母要放下虚荣心，绝不能受环境左右；要敢于独立地承担责任，不能人云亦云；要相信自己的孩子，相信他们是与众不同的，是有能力的。

有一些家长，在老师投诉时站在老师这一边责怪自己的孩子，这一方面是颜面问题，另一方面是对孩子特异性的不了解。所有孩子都是仰视、信赖、尊重自己的父母的，在学校受了委屈，希望父母能帮助自己、支持自己，结果很失望地发现父母和学校老师站在同一条战线，不愿意理解、包容自己的问题，不愿意帮助自己解决困难，只会和学校老师一样责怪自己。长此以往，孩子对父母的信赖将丧失殆尽，便不再愿意和父母沟通、交流了。

父母和孩子站在同一"战壕"，不是说"孩子总是自己的好"。我们要客观地认识到，老师的意见往往是正确的，在充分听取老师的意见后，作为父母，更要从孩子的特异性出发，解决孩子在学习、生活中出现的各种问题。其实，每一个孩子都想做好孩子，都想听表扬，我们永远不要批评孩子不上进。

女儿在上小学二年级时，我接到了学校西班牙语老师打到家里的投诉电话。在电话里，老师抱怨女儿上课不听讲，乱说乱动，影响别的学生，建议她退出。

西班牙语是二年级时开的选修课,需要每天早上提前一个小时到学校学习。刚开始上课还不到一个月,老师就告状告到家里了。对此,我的心情变得阴郁、烦躁,就等着女儿回来,跟她算账。

晚上我把这件事告诉了孩子的妈妈,生气地说:不让女儿学这门课了,省得影响别人。结果妈妈说她也收到了老师的邮件,也是关于这件事。但她觉得不能这么轻率地做决定,先冷静下来,好好想想。因为妈妈更了解孩子的个性,没有对她发脾气,只是在揣摩怎样说才能让她明白,应当注意自己的课堂行为。

等到第二天早上,妈妈送女儿上学,在车上一直想着这件事,却不知如何开口,便一直悬在心头,并未主动提起。谁知女儿早知道老师写了邮件给妈妈,自己也知道邮件中提及的不是好事情。见妈妈只字不提,她反而焦灼不安,内心忍受着极大的煎熬。小小年纪的她欲言又止好几次,最终鼓起勇气,问妈妈老师在信中到底说了什么。妈妈看出了女儿的心思,又想到她在这件事中所承受的心理压力,反而心疼起来。便轻轻地对她说:"老师很喜欢你,如果你上课听老师的话,一定是最好的学生。"就因为这么简单的几句话,以后的日子里再也没有听到过老师的抱怨。直到学期结束,我们收到老师的一封信,说女儿是很优秀的学生,希望她第二年继续选修西班牙语。从那以后,直到高中毕业,她一直是西班牙语老师眼中的好学生、优秀生。

西班牙语班的学生多数是美国孩子,因为环境的影响,他们在上学之前就会说几句西班牙语,不像我们女儿,完全是一张白纸。开始上课时她觉得无法融入班级的学习氛围,被人嫌弃了,加上她本来就不懂如何守规矩,因此表现得有点自卑和烦躁。妈妈那几句话让她觉得自己没有被嫌弃,原来老师还是喜欢自己的,于是重新树立了信心,后面的事情就水到渠成了。如果孩子是因为其他原因跟不上学习进度，这种简单的鼓励就不管用了。

女儿在上中文学校时，我们曾亲眼看到女儿上课的表现，她不声不响，但坐立不安。她不和同学说话，也不给别人捣乱，但不能安静地听讲，百无聊赖。她每隔一会儿就起身，变着法儿地变换各种坐姿，一会儿去别的空位上坐着，一会儿还上了台面，背对着黑板在桌子上坐着。有一次，她竟然走到讲台前，旁若无人地在黑板前躺下，捡起老师掉下的粉笔……最后，她坐上桌子，依然背对着老师，听着老师布置课后作业之后下了课。课后和老师打招呼，我们有点不好意思，笑容也有点尴尬。老师说谢谢我们的光临指导，我们感觉话里话外都有责备的意思。在回家的路上，我们问女儿上课学了什么，她复述了一遍，好像也没漏什么重要内容。我们很严肃地指出她上课不遵守课堂纪律，不停地动来动去是不对的，会影响别的同学学习，但并没有严词厉色地责备她。

女儿依然我行我素，没什么进步。六年级时，我们收到老师发来的一封邮件，说我们的女儿上课乱说话，乱走动，干扰课堂纪律，要我们对孩子加强教育。老师大概是忍无可忍，甚至对我们家长也深感失望。我们觉得女儿并不是有心捣蛋，只是她确实很难一动不动地坐一节课。因此，我们还是没有过多地责怪她，只是再次强调不要影响别人的学习。从那之后，我们每天都询问课堂情况，特别提醒她不要干扰其他同学，慢慢地让她意识到课堂纪律是为了让所有同学有一个好的学习环境，哪怕自己不学习，也不要影响别人。

就这样，她在中文学校读到七年级。那个暑假，因为女儿受不了美国电视台一周更新一集日本动画片《哆啦A梦》《神奇宝贝》的慢节奏，我们从中国带回了全套的碟片，但片中的角色说的是中文，下面还有中文字幕。就这么反复看了几十集动画片，女儿突然发疯似的说中文。在大街上看到华人面孔，就立即冲过去哇啦哇啦地说，别人感到莫名其妙，她却转过头来问我们："他怎么还不夸我中文说得好呢？"开学报名时，女儿的中文水平把老师和她的小伙伴们都惊到了，老师破格提拔她，从此她不用安静地坐着当学生，而是做了助教，可以名正言顺地在上课时间四处溜达。但是她的中文是自己看电视学的，缺乏实际操练，对有些中文单词的理解是错误的，比如，她以为"太太"是"上了年纪的女人"，"天堂"是"摩天大楼"，等等。

三、孩子不遵守课堂纪律怎么办？

我们之所以能够以平常心面对老师的投诉，是因为我们发现自己也无法安安静静地坐着开一次大会，听一次领导报告。小小年纪的学生，本来就思维活跃，身体能量满满，时刻要爆发，却被要求一天端端正正、安安静静地坐5~6个小时，甚至更长的时间，实在是勉为其难。孩子远比大人需要运动。

在很长一段时间内，我们的女儿好像完全没有课堂纪律的概念。相对于中国学校，美国学校的课堂纪律已经够宽松的了，用生动活泼来形容也不为过，但她仍然无法好好遵守课堂纪律。

学校每年组织一次"开放日"，让家长体验学校的教学活动。开放日当天，学校正常上课，家长可以和自己的孩子一起听课，切身感受课堂氛围，观察老师和孩子的互动情况。学校还安排专门的时间，让家长和老师面对面地交流学生在学习和生活上的各种问题。

我们第一次在教室里看到被关在笼子里活蹦乱跳的小兔子的时候，真是大开眼界。先是觉得很好玩，接着又想这些小动物会影响学生上课时的注意力。美国小学的上课时间是上午 9 点到下午 3 点，中间除了吃饭，竟然都不下课。我们看到要上厕所的学生从墙上拿下自己的名牌就出去了，心中不免嘀咕：这些孩子会不会去操场上玩一圈再回来？我们觉得如果换成自己，大概是会在操场上先逛一圈的。

除了画画、音乐、运动的课程，其他的课程都是由同一位老师教授的，而且没有标准教科书。我们不免有些担心老师的水平，一个人怎么就能搞定那么多科目呢？后来听说美国小学老师的资质要求比高中老师还高很多。小学阶段正是孩子身心、智力的发育最关键、最迅速的时候，若老师水平不高，怎么能正确地把握每一位孩子的个性化差异？女儿班里有 20 多名学生，消息板上写着每一位同学全天的活动安排。学生根据安排，在不同的时间段、不同的工作台上做着不同的事。有的拼写单词，有的投喂动物，顺便学习一些动物学和环保方面的知识……原以为这样的安排必然会把课堂搞得乱七八糟，恰恰相反，同学们三三两两、安静自觉地做着自己的事，互不干扰。老师面前总是有 5~6 位学生席地而坐，听老师讲课、讲故事、讲语法等。

安排哪几位学生坐在老师面前听讲，也是很有讲究的。班里人数虽少，但学生的学习进度依然有很大的差异，每次坐到一起的同学学习进度相似，老师才可以一起讲解。通过这种教学方法，做到因人施教。每位学生的学习进度不同，自然也不能有标准教科书，这必然对老师的素养及教学水平有更高的要求。虽然美国有教学大纲，对不同年级的学生有不同的要求，但具体到每位学生的学习进度，就需要任课老师差别授课了。

在女儿三年级的"开放日"上，我们家长在教室里围观老师上课。老师提出了一个问题，同学们十分踊跃，个个争先恐后地把小手举得高高的，课堂氛围活跃，孩子胆子大。我们希望老师点我们女儿的名字，结果老师真点了她的名字，而她呢，扬起头问老师："你问的是什么问题？"旁边的家长都笑了，我们也皱眉苦笑。

在学校里，学生一些常见的不良行为主要通过以下几种方式来克服：一是小班的授课制度，在小班里再根据学习进度的差异继续分组，实现因人施教；二是各种自由活动（饲养、观察动物等）的开展，使学生有更多的机会站起来活动，而不是在座位上坐一整天；三是讨论式教学，学生有很多发言的机会，不用悄悄说闲话；四是信任机制的建立，让学生自己摘名牌去洗手间就是信任的体现，是教师对学生的信任，这种信任机制的逐步建立使得学生有更强的自制力。

学校会把数学程度稍好的学生召集在一起上大课，女儿也去了，然而没多久，老师就向我们告状了。老师说，我们的女儿上课时会突然大叫，课上到一半，她会突然站起来说："我有个笑话。"然后面对着目瞪口呆的老师和哑口无言的同学讲起了笑话，讲完坐下，若无其事。还有一次，老师刚念完一道数学题，她竟然旁若无人地唱起了歌，让老师哭笑不得。我们问她为什么讲笑话，她说："不知道啊。""为什么唱歌？"我追问。她说："老师的数学题里的一个词让我想唱这首歌。"我们纳闷：这孩子怎么回事，在家里没听见过她唱歌啊。

女儿所在小学的走廊上刻着三条校训：一、尊重别人的学习权利；二、保持安静，靠右行走；三、通过倾听对手的意见解决争端。这三条校训的本质其实是尊重别人，尊重别人的学习权利和学习机会，尊重别人的观点。你可以不学习，但是不要影响别人学习；你可以相信自己是对的，但别人的观点可能也有道理，也许道理本来就不是唯一的。尊重别人的学习权利是我们教导孩子遵守课堂纪律的中心思想。

女儿似乎活在自己的世界里，对很多规矩无感。她不是不爱学习，也不是因为觉得学习痛苦而逃避、捣乱，她甚至不知道什么叫逃避、捣乱。因为对规矩无感，她没有故意去破坏规矩，只是表达她要表达的。在很长一段时间里，面对这个问题，我们除了要求她不要影响别人，再也想不出什么正面教育的方法帮助她改正这个缺点。

随着年龄的增长，她对规则的理解自然也成熟起来。我们曾经问女儿，她从什么时候开始不再大叫，不再有奇怪的行为，她回答："大概七年级下学期。"我们想，问题之所以得到了解决，不仅仅是因为她对规则的认识提高了，也是因为学习内容更加的广泛和深入，她的身体和思想都被学习充分占用了。

四、尊重孩子的一切

◎ 尊重孩子的努力

我们要相信孩子的努力，也要尊重孩子的努力。孩子比同龄人优秀，我们就比较容易去尊重孩子；孩子表现落后，我们就很难去尊重孩子。但恰恰是暂时表现落后的孩子更加需要得到尊重，因为每一位落后的孩子其实都在加倍地努力。

女儿小时候常常忘记写作业，即使我们不断地提醒她，也无济于事。她自己也意识到了这个问题，但仍然改不了。她真的是忘得干净，而不是因为不想写作业。最好笑的是，有一天我们洗衣服时，发现她的帽子里竟然有张纸条，是她提醒自己写作业、交作业的纸条。我们发现时，交作业的期限早就过了，女儿还是没交作业。如果我们因此批评孩子，是不是太委屈她了？是不是会让她整天忐忑不安、神经兮兮呢？

如果我们做父母的能够相信和尊重孩子的努力，就可以消除双方日常生活中大部分的对立，为孩子提供良好的成长环境。

让孩子自然成长，是因为相信自然进化赋予了孩子成长的潜力和动力。进化永远是一个正在进行的过程，孩子的天性不可能是十全十美的。

◎ 尊重孩子的情绪

车库里发出"乒乒乓乓"的巨响，我们皱着眉，努力忍着不去看女儿又打坏了什么东西。女儿这次是拿着高尔夫球杆过去的，我们只希望她别打到什么太硬的东西，伤到自己。

这是怎么一回事呢？请允许我慢慢道来。我们的女儿小时候会时不时地发脾气，有时脾气还大得很，就像突然变了一个人。遇到这种情况，我们开始是正面教育，告诉她要讲道理，不能随着性子胡来。这种教育表面上有效果，抑制了脾气的能量，虽然孩子抽泣着屈服，却是一副口服心不服的样子，委屈得很。后来我们就想：孩子发脾气也许是有她的理由的，父母应该先倾听。就算是没来由地发脾气，我们是不是也应该包容一点呢？扪心自问，难道我们当父母的在生活、工作中就处处讲道理、讲逻辑？难道就没有完全不可理喻的时候？想通这一点，我们就改了对策。当孩子发脾气时，我们会先试着讲道理，讲不通了，我们不再责怪说："你这个孩子真不像话，一点儿不讲道理！"我们会说："好吧，今天轮到你发脾气了。不要太过分啊，太贵的东西不能摔啊，想哭就哭吧。"这种做法没有和孩子对着干，降低了脾气恶化的可能性。几次下来，我们很欣慰地看到孩子的自制力大大地提高了。不过，家里的垃圾桶被她打坏了好几个。

应对孩子坏脾气的传统方法是压服。孩子平时的礼貌表现都是压服的结果，脾气上来，高压根本没用。在家里时，父母可能还会有各种厉害的后续手段，但到公众场合，这些手段便不敢拿出来，反而被孩子利用了机会。因此，在公共场合容易见到孩子大吵大闹的现象，这就容易理解了。

◎ **尊重孩子的兴趣**

虽说孩子事事好奇，但具体到每一位孩子还是有差异的。我们女儿从小不喜欢娃娃，这点很奇怪。因为她是女孩，我们优先给她买的玩具就是娃娃，朋友送的往往也是娃娃，但她就是不喜欢。事实上，她几乎对所有玩具都不感兴趣，只喜欢球。家里有各种球，大大小小的球。她很喜欢气球，只是对气球不小心会爆掉一事怀着深深的恐惧，看见拿气球的人就离得远远的，这种恐惧感直到高中才慢慢消失。

女儿不喜欢看迪士尼出品的《白雪公主》《睡美人》等一类儿童电影，喜欢《Pokémon》《哆啦A梦》之类的卡通片。曾经问她为什么不喜欢这类电影，她说迪士尼出品的电影都是一种故事。当时我们认为她是为了多看些卡通片找理由，现在看来，她是真的不喜欢。

父母要做的是发现孩子的兴趣后，去保持孩子的兴趣。要做到这一点，父母不但自己要时刻学习、与时俱进，还要懂得因势利导，正确回答孩子的各种问题（不仅是科学正确，还要符合孩子的认知水平），给予孩子适当的帮助和鼓励，只有这样，才能让孩子保持兴趣。如果父母敷衍孩子所问的问题，在孩子遇到困难时不能及时给予恰当的帮助，甚至凭自己的喜怒好恶划定什么可以好奇，什么不能好奇，那么孩子对新事物的好奇心就会被打压，家长就无从发现孩子真正的兴趣。

小学一年级时，女儿放学后要在学校待两个小时，等我们下班去接她。有一次我去接他时，发现老师正带着她拆一台旧电视，桌子上井然有序地摆着拆下来的零件，各种螺丝钉分别放在不同的盒子里，女儿的手上虽然是脏脏的，但她很兴奋，成就感洋溢在脸上。听过许多父母抱怨孩子拆坏玩具，但我们想，如果孩子要拆玩具，父母不但不应该阻止，反而要鼓励且参与其中。

我们的女儿不爱读小说，但特别爱读说明类的文字，如电器说明书、博物馆展品说明、包装袋说明等。当她在博物馆慢腾腾地读着一个一个标识时，当她无论吃什么、喝什么都先把说明研究半天时，都是在考验家长的耐心。小时候，我们给她买过一本科学实验书，她看过无数遍，也不问问题，我们不知她看懂多少内容。她不问问题，我们也不问她是否看懂，就怕问多了她会恐惧，因为她害怕回答错误。

孩子有兴趣的东西未必就是他擅长的东西，虽说"兴趣是最好的老师"，但是仅有兴趣未必能有出类拔萃的成绩。在一定的阶段，还是应该寻求合适的老师的帮助。

五、珍惜孩子的信任

孩子出生时，对父母的信任和依赖是无限的。但是，当父母开始为孩子设定标准，比如什么能吃、什么不能吃的时候，这种信任将受到考验。尤其是当孩子觉得能吃而父母不让吃时，他们开始怀疑自己对父母的信任。随着孩子不断地成长，很多孩子失去了对父母的信任，父母则一味地抱怨：这孩子怎么越来越不听话了。

◎ **怎样做才能保持孩子对父母的信任呢？**

父母要以符合孩子的语言、逻辑和情感发展的方法，与孩子耐心地交流、沟通。不能只要求孩子理解父母，父母也应该动脑筋去理解孩子，他们也有可能是正确的。从他们的年龄考虑，可能很多事情都是正确的。当我们抱怨孩子不懂事时，应该想到可能是我们自己没懂孩子的事。当家长正得意于自己把孩子教育得哑口无言的时候，孩子的心已经和家长疏远了。

在女儿小时候，有一次我们带她去和朋友一起吃饭，让她和一位阿姨碰杯，她说："她是男的。"因为那位阿姨做了一个头部手术，剃了光头。还有一次，和亲戚一起吃饭，大家为谁坐上席而互相礼让，她认真地跟爸爸说："那个椅子坏了，谁都不能坐。"

尊重孩子的隐私，无论是孩子说出来的还是藏在心里的，父母都要认真对待，真心实意地分享孩子的喜怒哀乐。孩子们有自己的内心世界，我们要尊重他们。女儿小时候和很多小朋友一样，有一位自己想象的朋友，时不时地要与她说说话，睡觉前一定要和她打招呼。虽然我们不知道她在说什么，但是知道她对待此事一本正经。我们自己没有这种经历，看到孩子的行为觉得怪怪的，作为父母，我们是担心的，私下里常常讨论这件事。有朋友说："这很正常啊。"我们就姑且相信，不打搅她，更不嘲笑她。于是，我们时不时地问问她那位见不到的朋友的情况，表现出对她和她的朋友的尊重，实时了解孩子的心理状态，对这件事不失控。这种情形持续到中学。

教育孩子遵守规则，规则是信任的保障。有个周末，我们开车误进了一个公园，入口处写着每车收费5元，但大门敞开，无人收费，我们便径直开了进去。这下女儿闹翻天了，大叫大嚷、不依不饶，一定要我们回去找到人缴费。我们就转回去，还是没人，仔细看指示牌，原来周末免费，给女儿解释了，她才罢休。

教育孩子信任社会和他人。父母当然想要孩子无条件地信任自己，却时时损毁孩子对信任的信心。很多父母吓唬孩子，社会很复杂，教育孩子"知人知面不知心"，还说"害人之心不可有，防人之心不可无"，结果孩子什么也不信，包括自己的父母。有一次我向一位学生问路："同学，请问最近的地铁站入口怎么走？"小姑娘扬起脸，笑得像花儿一样灿烂，指着前方告诉我："那边过去，向左一拐就到了。"话音未落，没等我说"谢谢"，一位面容阴冷的老年妇女冲了过来，一把拽起小姑娘的胳膊，快步走开了，只剩我目瞪口呆地站在原地。我们知道，教育孩子相信别人会有风险，但我们不能让孩子失去人类最基本的品格。出去旅游时，我们都让她自己去处理很多事情，我们站着旁观，等她回来，再讨论她处理得是否得当。

六、家务，不仅仅是劳动

劳动是一种天性。每一对父母都经历过孩子热心参与各种家务的时期，孩子跟着父母洗衣、叠衣、洗菜、做饭、扫地、倒垃圾等。

培养孩子做家务是孩子全面发展不可缺少的一个重要部分。有些家长说到怎么培养孩子的语言能力、数学能力、艺术能力时，头头是道，但说到怎么培养孩子的合作能力、协调能力、领导能力，怎么培养孩子认真做事、有始有终，怎么培养孩子热爱劳动的态度时，他们往往无话可说。有些家长送孩子进各种特殊的冬令营、夏令营，让孩子去"学习"吃苦耐劳。但如果家长知道怎么顺势培养孩子做家务，各种能力的培养或许就是顺理成章的事。

家务是孩子的第一份工作。什么叫合作？合作就是家务有分工，把自己那份做好；什么叫协调？协调就是根据家里每个人的时间和能力，合理分配工作；什么叫领导力？领导力就是对家务的全盘规划、执行和监督。适当地增加家务的难度，给予合适的表扬与鼓励，孩子一定会成为自信、认真、合群的优秀人才。

从女儿上中学开始，妈妈便定期地教女儿做饭，从原材料的准备开始，一步一步地进行。这个工作的成效就是，女儿在大学的第一个春假回来说，她在MIT最先引以为傲的成绩就是发现自己比绝大部分同学更会做饭。女儿不但给自己做饭，还做大锅饭。有一次她发来一条短信说，这个周五要做50个人的饭，问我们需要注意什么。我们一看当时已经是周二晚上了，无论如何都不可能完成这个任务，就回答说："不可能完成，时间来不及。"女儿没再说什么，后来她还是想办法做了这顿饭。每次女儿把她的劳动成果的照片发过来时，妈妈总是笑着说："我们这个傻女儿啊，又被人忽悠去做饭了。"

有些家长会说，还是先把学习搞上去，学有余力的时候再去学做家务，或者长大了再学，分分钟就学会了。孩子在自然成长的过程中，身心发育是有阶段性的，过了愿意学习做家务这个时段，孩子就不再想做了。在孩子长大以后，很多家长抱怨他们懒惰，不做家务，却不曾想到，这是早期教育的后果。更何况做家务其实一点儿也不简单。

七、行还是不行，别着急下结论

女儿刚上中学时，妈妈总说："这孩子怎么搞的，代数还行，几何一塌糊涂。"上了高中，妈妈又说："这孩子几何好，代数差劲。"美国中学有一种特殊评分法衡量孩子的阅读能力，女儿早期阅读成绩比其他同学差一截，我们很担心，但过了一个暑假，没做什么补习，成绩也上去了。

女儿小时候，我们让她去学钢琴。几年下来，她并没有什么突出的表现。在很长的一段时间里,我们都觉得她没有音乐天赋,直到她小学毕业,我们都没听她唱过歌。以至于后来我们看到女儿在单簧管演奏方面的杰出表现时,真是目瞪口呆、暗自羞愧。

我们得到一个教训,就是千万别着急给孩子贴标签、下结论。孩子的潜能往往超出父母的想象,他们只是需要机会把这些潜能发挥出来。不会唱歌的孩子可以玩乐器,这个乐器不行,可以尝试别的,所有乐器都不行,还可以作曲、指挥等。不仅仅在音乐方面如此,其他科目也一样。不要因为孩子几次数学没考好,就下结论说这孩子理科不行,而转学文科。不要因为孩子几次语文考不好,就下结论说这孩子文科也不行,得改学艺术。孩子学习有困难时,首先考虑是不是和老师的教育方法有关,其次考虑是不是和孩子的身体、认知发育早晚有关。再好的老师也未必适合所有的孩子,身体的发育有早晚,智力的发育也不一样,绝不能过早地给孩子下结论。

八、发扬天赋

女儿上小学四年级时,学校要求每位同学学习一种乐器,她选择了单簧管,因为她喜欢的一部小说的主人公会吹单簧管。一年后,她居然考入了马里兰少年古典管弦乐队(MCYO,Maryland Classic Youth Orchestra)! 后知后觉的我们才想到,也许她在这方面有天赋呢,于是积极支持她的练习。首先,我们给她买了一支好的单簧管;其次,妈妈不管有多忙,一定抽出时间坐在一旁认真听女儿练习;然后,妈妈学习有关知识,这样就可以和女儿认真讨论吹奏时出现的问题;最后,在女儿遇到困难时,我们会说:"你非常有天赋,如果再认真些,会取得更好的成绩。"我们偶尔也会让她放松：暂时放下练习，出去走走，或干点别的，哪怕玩玩游戏。她有时会很急躁，昂贵的单簧管被摔坏了几次，而我们并没有和她着急，耐心地和她讲世界上没有一蹴而就的事，即使有天赋也需要努力，通过自己的努力得来的成绩才有意义。慢慢地，她能在遇到障碍时控制自己的情绪，而且逐步将这种控制力扩展到其他方面的学习上，甚至生活当中，练习单簧管也更加认真、更加有效率，进而取得了更大的进步。我们的陪伴使她觉得我们也认为吹单簧管是很酷的事情，父母的认同是孩子前进动力的源泉。

女儿在单簧管演奏上取得了骄人的成绩，当过全州学生乐队的首席黑管手，高中连续3年考入全美荣誉管乐团（NAMFE, All National Honors Concert Band），后两年都是第一单簧管组。更重要的是，她现在仍然爱吹单簧管，无论去哪里都带着她的单簧管。

2015年我们去听马里兰州乐团的音乐会，指挥上场后首先和作为首席黑管手的我们的女儿握手致意，表演结束指挥鞠躬谢场时，先单独站起来鞠躬感谢我们的女儿，然后乐团全体起立谢场。听着热烈的掌声，作为父母的骄傲和自豪的情感油然而生。

初中时，她参加了学校的数学队。上七年级之前的那个暑假，我们认识了一位非常好的数学老师。这位老师为了给自己的儿子讲数学，要找几位学生陪读，女儿就去听了几堂课。开学后，女儿参加数学队的入队考试。第一次考试的结果令她和老师都大吃一惊，她竟得了满分，因此被选入学校的数学队，代表学校参加各种数学比赛。代表学校参加比赛，并取得好成绩，成为同学仰慕的对象，她心中开始萌发真正的自信。她的朋友圈大了，可以说笑的人多了，与同学的交往趋于正常，改正了以前的许多不良习惯，能自觉遵守学校的规章制度。这一切形成了良性循环，促使她更努力地学习，使她在数学队的成绩越来越好，到初三时，她获得了全州第 7 名的好成绩！

数学不但给了她乐趣，更为她提供了循序渐进地建立自信的途径。数学比赛不像体育比赛，没有身体接触，一般没有对抗性的心理压力，比赛时只是面对桌上的试卷。她应该是觉得参加数学比赛时，题目每人一份，名次由成绩客观排定，没有任何心理障碍，心情完全放松且充满竞争感。因为起点低，她没有一般人患得患失的心理，能参与就开心，无论成绩如何，总是高高兴兴的。她原来的数学成绩属于中等，但中学的后两年，她的数学成绩突飞猛进，收获了一堆的奖牌和奖状。

在初中阶段，她的很多行为还是比较被动的，由于主动性差，比赛抢答题时太紧张，成绩不够突出。在高中阶段，她的状态由被动到主动，进步更加迅速，每天都能从学校给我们带回惊喜。高一进入数学快班，她加入数学队和物理队，积极参与队里的各项活动。有一次，学校里的 4 名男生组队参加州里的比赛，没有邀请她，她就邀请了其他学校的 3 名同学组了一队，代表他们的学校参赛，当主办方宣布各校代表队队员名单时，赛场一阵喧哗，因为很多人知道她不是那个学校的学生。

她被美国数学学会选拔去参加大华府地区举办的促进美国数学教育的数学表演赛，在比赛期间接受了采访，还被挑选出来做了本地电视台的专题访谈节目的嘉宾。整个过程，她虽然紧张但不怯场，还收获了第二名的好成绩。她参加美国首都高中生世界知识竞赛，开阔了视野，扩展了知识面，并获了奖。她还担任过一届学校哲学队的队长，关注当今世界的各种道德困境及可能的解决方案。

我们鼓励并支持她参加各种活动，尤其是需要与人互动的活动，她经常去敬老院给老人讲故事、做游戏和排练节目。十二年级时，她被选为数学队和物理队的队长之一，从竞选队长到领队参加多项国内大赛并取得优秀成绩，到后面参与面试下任队长的选拔，处处体现了她的成熟和领导才能。有一次因为B队人员变动，临时把她从A队调到B队任队长，她毫无怨言，带领B队在卡内基·梅隆大学举办的全国计算机和信息大赛中取得了团体第二名的好成绩，比A队的成绩还好。又如，后来选定的下任数学队队长在竞选自荐中，曾对现任队长提出了诸多意见，且语气颇不客气，但女儿回来告诉我们这件事时，考虑的只是对方是否能够胜任这份工作，头头是道地分析该候选人的优点和缺点，并以宽容和谦虚的态度对待他的批评。学校数学队第二年的成绩证明现任的队长们做出了正确的选择。

在组织全县数学比赛的过程中，女儿以让我们惊讶的方式，完美地处理了一起作弊事件。高中四年，她每年都能进入马里兰大学数学竞赛前40名，并在十一年级获得MIT主办的美国全国女子数学比赛铜牌。美国的高中物理非常简单，所教知识完全不够参加奥林匹克比赛，但学校物理队队员通过自学，互教互学，取得了很大的进步。女儿在十二年级时取得全美奥林匹克银牌，获得参加美国奥林匹克物理集训队的资格。

看着女儿的进步，多少年的困惑和担心开始消失，女儿的自信也带动了我们的信心。如期而至的MIT提前录取通知书，不仅仅是对女儿成绩的肯定，也是对父母的付出的肯定。

家庭教育的力量
十位 MIT 学生家长的教育手记

第六章 从游戏迷到计算机学者

(美)钱革非

威廉从初中、高中到大学，甚至读博士都积极帮助老师、同学，同时也得到很多老师、同学提供的帮助与机会。也许是因为成长环境的影响，也许祖辈的读书、科研经历对他有潜移默化的影响，以至于他对科研情有独钟。虽然他在计算机科学领域中的科研前景尚不明朗，但他在 MIT 所受的教育，使他发生了质的飞跃，让他受益终生。祝他与他的 MIT 小伙伴们前程似锦。

引子　大学回顾之旅

2017年4月初,我参加了MIT 2021级新生的校园参观活动(Campus Preview Weekend,CPW)。在活动期间,我带威廉和朋友们见面。在他和朋友们从容交流的时候,我看到了一个我所不熟悉的儿子。在我的脑海里闪现出两三岁时的他,那时,他非常喜欢和大人们聊天,而我只需要静静地站在他的身后,心满意足地看着他跟大人们谈天说地。在跟大人们说话时,他时常冒出PRB(Physical Review B,美国物理评论B卷)以及DFT(Density Functional Theory,密度泛函理论)等词语。这些词语都是我们在科研工作中时常谈到的词汇。

校园参观活动对我来说就像是一次大学回顾之旅(CRT,College Review Trip)。在威廉上大学的四年时间里,我们除了暑假每年一次接送儿子上学,以及每年两次上网交学杂费,鲜少认真地去了解MIT。他拿回家的各种奖状和纪念品就算是我们跟MIT的联结。这一次,因为MIT微信群里朋友的介绍,我加入了新生家长的队伍,重新参观了一次MIT校园。同时,也回顾了一下威廉的成长。难道那个曾经熟悉的威廉真的已经远去,归来的已是一位社会中坚?

一、申请大学

2011年12月18日,威廉被MIT提前录取,获得了进入MIT接受高等教育的机会。

◎ 梦想学校 MIT

威廉所上的托马斯·杰弗逊科技高中（TJHSST, Thomas Jefferson High School of Science and Technology）是一所重点高中，侧重于理工科（STEM, Science Technology Engineering and Math）教育。这所高中给我的印象是，初中的躯壳、高中的名字、大学的灵魂。它始建于1965年，用作学区高中（Home-based School），后来由于附近另外一所高中的崛起与壮大，这所高中的招生状况日渐衰落。于1985年，在家长和老师的共同推动下，该学校开始了重点高中的建设。目前，TJHSST设有各种由学生组织的课外活动俱乐部，同时还开办了各类大学课程，并给高年级学生提供科研机会。该学校的独特之处在于，每一届考入的约450名学生全部都是重点班。

威廉在高一的时候加入了学校的新生计算机队。他与其他四位队友在美国计算机联盟（ACSL, American Computer Science League）全明星初级五人组比赛中夺得第一名。他在回顾时提到，TJHSST的优势在于能够选出五位水平较高的选手，而其他学校最多选出四位高水平选手。而这第五位选手的水平就给所在队伍增加了优势。这次比赛及随后的比赛中呈现出来的团队思想深深地刻进了他的脑海，并在他后面注重团队建设及合作的行为中充分体现出来。

威廉原来的规划是学医，但是在高一结束时他就改变了想法。前面提到，TJHSST是一所独特的高中。该学校开设的课程主要是为了培养学生的分析与理解能力，这与以前的初中及其他高中的记忆教学明显不同。为了帮助学生尽快地适应这种转变，学校在高一设置了一门文理综合课（IBET, Integrated Biology, English and Technology）。一年下来，有些学生会因为不适应新的学习环境而转回了学区高中。也正是因为这一年对IBET的学习，威廉因为对大量记忆名词的不适应而失去了对生物的兴趣。

于是，他选修了暑期化学。暑期化学课程进度很快，一天的进度相当于正常学习一周的进度。这没有难住他，因为他的老师是埃西欧博士（Dr.Acio），TJHSST 的传奇人物。然而，真正的奇迹是他的助教老师杰西卡·刘（Jessica Liu）。那时，杰西卡刚刚被 MIT 录取，便努力地劝说威廉去 MIT。威廉回来说，原来 MIT 是一个很好的学校。顿时，我心生凉意，看来他只能去当工程师了。

也正是因为暑期化学课的经历，他努力向着 MIT 这个梦想学校而努力。而且在高中毕业后，他也同样去做了暑期化学课的助教，回馈母校。巧合的是，在他做暑期化学课助教期间，"美国之音"对 TJHSST 进行了一次以"走进美国第一高中"为专题的采访，并采访了威廉和他的学生。这个节目在中国各大留学网站中点击率很高。另外，他带过的那一届学生中，几年后也有些进入 MIT 学习。

◎ **梦校之编程竞赛**

威廉喜欢游戏，喜欢编程。高中时，他在比赛中接触了几位正在 MIT 上学以及后来去 MIT 上学的师兄。这些师兄在带领他参加比赛的同时，也对他申请 MIT 进行了指导。美国高中生有很多的编程竞赛，除了著名的美国计算机奥赛（USACO，USA Computing Olympiad），另一个全美的竞赛就是美国计算机科学联盟（ACSL，American Computer Science League）。

美国计算机科学联盟，是一个来自各国 200 多所中学参加的计算机科学竞赛。每年的比赛分成两部分：书面部分（或称为"短赛"）和编程部分。书面部分的题目涉及：一段程序的功能、数字电子学、布尔代数、计算机编号系统、递归函数、数据结构（主要处理堆、二叉搜索树、堆栈和队列）、lisp 编程、正则表达式和有限状态自动机、位串操作、图论、汇编程序设计和前缀/后缀/中缀标注。

ACSL 有四个等级的比赛：课堂比赛，初级、中级和高级比赛。根据最新规则，初级比赛是面向初中学生（九年级以上的学生不得参加）的，中级和高级比赛面向高中学生。在全明星（决赛）比赛中，初级赛是 5 人队比赛，而中、高级队则有 3 人队比赛和 5 人队比赛。因此，决赛共有五种形式：初级 5 人赛，中级 3 人赛、中级 5 人赛，高级 3 人赛、高级 5 人赛。

参加这些比赛需通过学校注册，并由学校老师组织。在 TJHSST，学生和老师都要积极配合，做好训练及注册、赴赛等工作。TJHSST 的学生每年在 ACSL 比赛中都取得了很好的成绩。

◎ 科研经历的优势

科研一直伴随着威廉的成长。与其他人相比，他在科研上的优势是比较明显的。然而，他的高中科研之路是坎坷的，也是幸运的。之所以说坎坷，是因为培养高中生进行科研没有可借鉴的经验，致使我们带着他走过很多弯路；说是幸运，是因为他的高中科研之路总算有了一个令人满意的结果。

我所工作过的单位是科研单位或者学校，威廉跟着我们也很熟悉科研环境。正如前文所述，他还在幼儿园的时候，跟我们所开的玩笑就用到了一些物理学的术语。虽然他还不能理解其中的意义，但是父母会心的笑容也能让他感到心满意足。后来跟朋友谈论她家孩子的培养时，我忽然意识到，也许我错过了对威廉在幼儿园期间的物理教育。进而，我推测他的求知欲没有能够及早地被扩展到智力开发。在他六年级的时候，一个朋友家的同年级男孩已经可以跟我谈论牛顿第一定律了，这曾经让我大为羡慕。也许，我及早地开发他的智力，会使他学得更好。不过，我的目的是培养他不依附具体学科知识的逻辑思维能力。这样一想，心里便踏实多了。

在我当时工作的单位，有几位科学家的子女去了全美排名前五的大学，而且他们的孩子也都是从 TJHSST 毕业的。我们很想知道，究竟是什么样的培养方法能使他们的子女考上那么好的大学。无可辩驳的是，他们的家庭里都有浓厚的科研氛围。其中一位朋友提出，高中时期的科研培训会使孩子受益终生。对此，我们深以为然。同时，科研也是我们能够提供的条件。

在试过各种可能性以后，我的妻子罗博士决定亲自带威廉用量子力学的方法研究一个比较令人困扰的地质学问题，地震波之谜。

我和妻子都做过多年的理论凝聚态物理科研工作，其中一个分支就是用量子力学的方法来研究晶体结构。而其理论基础就是前面提到的威廉在小的时候经常开玩笑提及的 DFT。威廉在高中毕业前的那个暑假，积极地投入到这个地震波之谜的科研项目当中。在运算及数据分析处理的过程中，他付出了努力，并提出了自己的见解。他能够在短时间内掌握这个领域的思考方式，这给我们留下了深刻印象。同时，他对数据结果的独特分析成为这个科研项目成功的关键。在随后的西门子科研竞赛中，这个项目为他赢得了铜奖。

与他的这次合作使我们认识了高中生的科研潜力。在随后的几年里，我们创立了青年科学家培训计划（YSP，Young Scientist Program），作为美国国家石墨烯研发中心（NGRD，National Grapheme Research and Development Center LLC）的一个主要项目。NGRD 的主要科研方向是研究以二维石墨烯为基础的功能性材料，应用于自旋电子学、光致发电和神经生长等领域。NGRD 的青年科学家培训计划，是为培养高中生科研能力而设立的。每年有 10~15 位高中生，经过申请、面试等程序加入这个培训计划。在培训过程中，学员们需要学习计算机知识、量子力学知识，以提高捕捉科研前沿信息的能力。指导老师结合学员们的兴趣，通过引导学员们广泛阅读，帮助学员们形成一个个科研前沿课题。同时，学员们在指导老师的指导下，完成科研课题，并撰写一份专业的书面科研报告以及演讲报告。学员们的科研报告可以用来参加各种面向高中生的科研竞赛。

二、大学新生

从被 MIT 录取到大学第一学期结束，是威廉感到快乐的一段时光。首先是 CPW、各地校友迎新招待会，然后是新生入学培训、家长周末活动周（Family Weekends）、各种兄弟会聚会以及各公司在校园的招聘会。在这个阶段里，学生的生活充满了新鲜感。这是他们的心思离家最远的时候，也是新生家长最为牵挂的时候。虽然听朋友讲述过这种心理落差，有了一定的心理准备，但是那种失落感还是在儿子上学一个月后澎湃涌来。好在社交网站上家长之间的互动，在一定程度上缓解了新生家长对孩子空白的 MIT 生活的焦虑。

在大学生活里，学业是主业，对于 MIT 的学生来说尤其如此。只是这时，学业的定义已经跟以前大不一样了。

◎ 选课

在 MIT，所有的专业都有一个数字编码。以我所熟悉的专业——计算机科学与工程（Computer Science and Engineering）为例，计算机软件工程专业的编码是 6-3，属于课业 6，相当于六系。编码 6-1 和 6-2 分别是电子工程专业和计算机与电子工程专业。

在 MIT，一个学年由秋季学期、春季学期和自由活动期（IAP, Independent Activity Period）组成，其中比较独特的 IAP 是在一月份。在 IAP，学生可以自由安排自己的活动，可以是选课、实习、讲课、比赛、旅行，甚至是休息。

为了帮助新生尽快适应大学生活，MIT 的第一学期及 IAP 期间的课程成绩只有两种：及格和无记录（Pass or No Record）。就是说，这一学期的课程成绩如果是 A、B、C，成绩单上就是及格；如果是 D、F，就没有记录。

这里涉及两个成绩系统，一个是内部记录系统，另一个是学生的学业成绩单。在内部记录系统里，每一门课的成绩还是有记录的，用于内部参考。如果在一门课上标记"N"，那意味着在打印成绩单时，这门课的成绩是不输出的。内部系统的记录只用于学生与学术导师之间的交流。

威廉是按照正常选课顺序选的第一学期的课程。后来他建议一位学弟在第一学期选了比较难的课，这样即使通不过也不影响成绩。而且在 MIT 招生办的网页上，也有这样的信息鼓励新生在第一学期选择具有挑战性的课程。

◎ 提前进入二年级

在 MIT，新生选课有一个最高学分的限制，第一学期是 54 学分（Unit），第二学期是 57 学分。如果新生在第一学期完成了毕业所需课程的四分之一，学校会发信建议其提前进入二年级。这样，学生在第二学期选课的时候就不会受 57 学分的限制了。每个专业对学分的要求不尽相同，但是都可以分为普通课和专业课。普通课包括全校范围的数理化生物必修、计算机必修和文科选修课，共 17 学分。计算机科学与工程专业（Course 6-3）的专业课要求是 180 学分。

被 MIT 录取的学生都是非常优秀的，但是他们的计算机水平大多严重偏低。即使是 MIT 计算机专业的学生，情况也是这样。许多学生是因为各样的才能得以进入 MIT 学习的，然而其中有很多学生转向了计算机专业。其考虑是多方面的，就业与创业应该是主要考量。MIT 的资源固然可以使学生学到很多有用的知识，但是如果经验不足的话，学生对知识的消化与吸收就非常有限。在威廉大一的时候，就有大三的学生来咨询他，应该学什么计算机课，而威廉那时所选的课已经比他们能选的计算机课要高阶很多了。这得益于他编程起步早，前期所花的时间和精力多。从中学开始，他就练习编程。从"Hello World！"网页开始，他花费了大量的时间和精力，去研究如何充分开发 HTML。

三、IAP 开课

如前所述，MIT 的一个学年除了有秋季学期和春季学期，还有 IAP，学校对 IAP 期间的活动没有严格要求。在这期间可以选课、体育集训、参加各种比赛、校外实习、校内实习、旅游，甚至可以睡觉。由于当时圣诞节假期刚结束，大部分学生还是选择回学校参加活动。威廉第一年的 IAP 计划就是先参加划船集训，然后参加一个计算机创业大赛。

除了在第一年的 IAP 参加划船训练和第四年 IAP 准备硕士论文，威廉在第二、第三年的 IAP 开设了两门计算机课，分别是软件工程入门和 C++ 编程技巧。

◎ 软件工程

威廉从初中就开始编程，并且自己完成项目。在这个过程中，他积累了很多代码，有的已经在美国国会申请了版权。当代码积累到一定数量的时候，其复杂性就超出了写程序的范畴。这需要一个很好的设计及实现过程。威廉在大学一年级时就修了一门软件工程的课程，学完后，他感觉豁然开朗。从此，他非常希望把自己的经验传授给他的伙伴们，使他们受益。

于是，威廉参与开设的两门 IAP 课程都是从软件工程的角度来讲解编程的。

课程的开设是成功的，据说有一半的学生因此而掌握了软件工程的方法。这使他深受鼓舞，使他对从事教学事业的兴趣更加浓厚。

◎ 服务社区

在 IAP 里开课是威廉的一次社区服务活动。他参与社区活动的想法由来已久，初中时义务做助教，高中时服务于各个数学和计算机队。

即使是在高中暑假备考的繁忙季节，他也积极参与郡教育局组织的教材评审活动。在一次高中数学教材评审活动中，他积极响应学校老师的号召，作为唯一的一位高中生参与到评审服务当中。当时，数学评审组与计算机评审组在一起工作，计算机组的老师也请他参与各种计算机教材的评审工作，让他从学生的角度对各个教材提出看法。这次经历进一步增强了他与更广泛的群体进行交流的信心。另外，我所看到的结果就是，家里多了各种各样的计算机教材。

在 IAP 中的社区服务使他有机会帮助别人。一方面，他可以将自己总结的学习方法系统地分享给需要的人。另一方面，他也利用这个机会锻炼了组建团队的能力。

四、实习

威廉在 MIT 的四个暑假里，除了第一个暑假留下来陪父母，第四个暑假在学校写硕士论文外，第二和第三个暑假都去了工业界实习。

他实习的第一个公司是 Quora。这个公司的公众业务是网页信息及排序，背后的业务是大公司及政府机构的大量数据分析。他从初中就开始编写网页，虽然在高中参加了各种各样的计算机竞赛，但是编写网页依然是他的最爱。我想这或许就是他选择到 Quora 实习的原因。正是因为这次实习，使他的兴趣点从网页转向了算法。

威廉在大三的时候参加了计算机系的超级本科生科研计划（SuperUROP, Advanced Undergraduate Research Opportunities Program）。在这个计划里，他在 Nir N. Shavit 教授的指导下，研究了四叉树（Quadtrees）数据结构的并行处理。

四叉树是指每个结点有四个子区块的树状数据结构，主要用于二维信息的处理。除了平面图像，二维信息还有很多其他方面的应用。其中有一个很有意思的数学游戏——康威生命游戏（Conway's Game of Life），根据英国数学家约翰·何顿·康威（John·Horton·Conway）命名。康威教授毕业于英国剑桥大学，后来在美国普林斯顿大学做教授直至退休。威廉在初中毕业的那个暑假参加的数学夏令营——数学之路（Math Path），康威教授每年都会去授课一周。

威廉在那个夏令营遇到很多有数学天赋的中小学生，以及返回来任辅导员的往届营员。在夏令营里，有社区参观活动，更多的是数学讲座和数学游戏。在那里，任何一件琐事都可能被化成一个数学游戏，让营员们共同参与，其中最让他们津津乐道的就是康威生命游戏。

在康威生命游戏里，每一个二维网格中，格点代表着生命状态，生或者死。其规则有四：第一，一个生命如果只有少于两个第一近邻，那么这个生命会在下一轮进化中消亡；第二，如果有两个或三个第一近邻，生命则进入下一轮进化；第三，如果有四个第一近邻则消亡；第四，如果处于死亡状态的生命有三个第一近邻，那么生命则恢复到复活状态。有趣的是，由各种随机的初始分布可以演化出稳定的生命结构。有时，一个稳定的生命结构也会因为一个随机点的干扰而彻底改变。由于规则少，这个游戏比较容易用编程实现，威廉便在夏令营里编写了一个这样的程序。从那个夏令营回来后，他经常让我欣赏他创造出的各种各样的生命结构。

因为夏令营里的营员兴趣比较一致，所以威廉结交了很多朋友。其中，Elliott 后来跟他一起在 TJHSST 度过了高中四年的时光。即使后来工作了，他们还会相约见面，尽管他们分别身处美国大陆的东西两岸。Elliott 的父母来自很好的犹太家庭，他们积极参与孩子的教育。在他们的影响下，我也慢慢加入了 TJHSST 的家长义工，最后在学术后援团（TJ Academic Boosters）做财务秘书。同样，因为学术后援团里的家长们都十分重视学生的学业，我也从往届义工那里得到了很多有益的帮助。

◎ 海盗证书

威廉在 Quora 的工作、生活都很充实。Quora 为员工组织了很多活动，据我所知，有划船训练、生蚝大餐和射击打靶。关于射击，威廉还得过 MIT 的海盗证书。

海盗证书作为一个体育证书，是 MIT 的一大特色，始于 2011 年。在校生只需完成射箭、击剑、射击和帆船课程，就可以申请海盗证书。另外，MIT 也会在重要场合给嘉宾颁发海盗证书，著名演员、制片人马特·戴蒙在 2016 年，为 MIT 毕业生做了演讲，演讲完后，他被授予了海盗证书。

五、责任与成长

作为 MIT 的学生，威廉的大学生活是丰富且精彩的。学校为他的成长提供了各种便利条件，而他也愿意利用自己的知识为校友提供帮助，实现自己的理想。

◎ 助教

无论是在高中还是大学，威廉都感受到了学校在他成长路上所起的重要作用，因此他有强烈的愿望以教学的方式回报母校。他曾经设想在大学毕业后回TJHSST教书一两年，但考虑到未来的不确定性，在高中毕业的那个暑假，威廉回到TJHSST做暑期化学课助教。同样，在MIT，他因为MIT的软件工程课程受益，在IAP期间开设了软件工程课程，还积极参加了秋季和春季学期软件工程课的助教工作。

由于软件工程这门课学得很好，威廉在后来申请此课程的助教工作时，得到了教授的积极回应。第一次做助教的时候，威廉很轻松，因为本科生做助教有严格的工作量限制，而且工作压力不大。相比之下，研究生助教虽然也有每周20小时的限制，但是他们的实际工作量都大于20小时。

威廉在助教工作上还是很认真负责的，批作业、答疑和协助安排事务。到第二次担任助教的时候，教授已经放心地让他负责除讲课以外的所有事务了。这其中包括了招聘和组建助教团队、安排任务，以及主持各个阶段的助教研讨。其实，这本应是教授自己的工作，但是有了威廉的帮助，教授就可以专心地讲课、做科研了。在提到为什么把这些任务交给他的时候，威廉很自豪地说："因为我做得好，而他自己不会规划。"我想这也许是因为教授只是不想花时间，而这正好是威廉既愿意做又做得很好的事情。只是在最后一年，由于要做硕士论文，威廉不能继续负责那个助教团队了。这对他和那位教授都是一个小小的遗憾。

◎ TJIOI

威廉在高中的时候就十分乐意在一个团队里承担一定的责任。除了在几次数学、计算机比赛中担任队长，他还组织开办了托马斯·杰弗逊信息奥林匹克邀请赛（TJIOI，Thomas Jefferson Informatics Olympiad by Invitation）。这是一个由 TJHSST 计算机队高级队主办的高中生计算机程序设计竞赛。整个竞赛从准备考试材料到运行、监考，再到判分、发奖，都是由 TJHSST 的高中生来负责的。

TJIOI 不但为当地中学生提供了挑战机会，也使 TJHSST 的计算机队成员积累了组织、领导方面的经验。同时，这个活动也为其他 TJHSST 学生提供了很好的志愿机会。这个比赛后来改名为托马斯·杰弗逊计算机中级公开赛（The Thomas Jefferson Intermediate Open in Informatics）。

在建立之初，威廉定位 TJIOI 的宗旨为，由 TJHSST 学生组织，帮助当地初中生及其他高中生增加高质量计算机竞赛的机会。所以，从出题到宣传等各个方面，他都安排了朋友、同学来专门负责。这样既减轻了自己及负责老师的工作压力，也使朋友们得到了锻炼。在他毕业后的几年里，每一届 TJIOI 在竞赛的具体形式上都有高度的自由。在这一方面，威廉非常欣慰。

一年一度的 TJIOI 得到了学校的大力支持。时任校长艾文·格雷兹（Evan Glazer）除了对组织工作予以理论上的指导外，还提供了资金支持。从那以后，我们家长每年都为威廉所创立的这项竞赛活动提供捐助。这几年，组织者还拉来了一些公司赞助，威廉也从他的工作单位拉来了赞助。

六、硕士科研

威廉用三年半的时间拿到了 MIT 的计算机专业和数学专业双学位。之前他咨询我的时候，我建议他拿计算机硕士学位，而不是双学位。他的解释是：双学位只是顺手拿的事，并不费事。我还建议，如果读博士的话，连硕士也不用读。

但是，他有自己的考量。也许我的建议更直接，但是他还是按照自己的计划走过来了，不但拿到了双学士学位和硕士学位，在2017年秋季还参加哈佛大学计算机系的博士培养计划。

在他高一的时候，他妈妈罗博士带他去单位，请多位资深科学家就他的培养方式予以指点。其中一位资深科学家薇拉·鲁宾（Vera Rubin）对他的成长有着很深的影响。鲁宾博士是美国国家科学院院士，获得过美国国家科学奖章，也是近三百年来，英国皇家天文学院金质奖章的第二位女性获得者。在她1996年获得金质奖章的前168年，即1828年，德国天文学家卡罗琳·赫歇尔（Caroline Herschel）成为第一位获得该奖项的女性科学家。

鲁宾博士的建议是让威廉做他愿意做的事。在问到他所愿意做的事情时，威廉老老实实地回答：玩游戏。于是，她告诉我们，就让他玩游戏，同时提到了她的儿子和女婿到现在也喜欢玩游戏。她的丈夫是物理化学博士，四个儿女也都是数理博士，并从事相应的教学科研工作。而鲁宾博士本人也是出于一次家庭旅行中对月亮的好奇，而走上了天文学观测的道路。在她成长的那个年代，天文学观测还是男性主宰的领域。在前进的道路上，她遇到了许多难以想象的困难，但正是出于追寻发自内心的好奇，她一路走下来了，而且走得很远。她是第一位通过天文学观测，证实了占宇宙质量百分之八十的暗物质存在的科学家。

威廉十分感谢TJHSST和MIT对他的培养，因此，他一直在思考怎样回报母校，为师弟、师妹贡献自己的经验。这也是他在学校里积极参与教学的一个原因。在选择硕士学位科研题目的时候，他发现了一个有趣的领域，就是利用计算机技术为教育提供便利。

七、工作与读博

提交硕士论文以后,威廉来到脸书公司工作。在工作的过程中,他也在考虑读博。因为一个偶然的机会,他决定到哈佛大学攻读博士学位,这对他来说是一项重大的决定。

◎ 在脸书工作

当今,比较热门的领域是大数据和人工智能。这两方面的知识和经验在各个公司都很受欢迎。威廉在 Quora 的暑期实习,应该是属于这两个领域的有机结合。然而,他最擅长并喜欢的系统架构却很少有公司愿意投入。恰巧,脸书第一年开始招收系统架构方面的工程师。

脸书有很好的工作环境。它在世界各大城市都有分部,员工可以到任何一个分部去上班,甚至可以在家上班。威廉选择了脸书的波士顿分部,因为它就在 MIT 校园旁边。脸书还为员工提供周一至周五的午餐,以及周一到周四的晚餐。

在这样愉快的工作环境里,威廉努力工作,为脸书解决了很多实际问题。但是,他的心一直牵挂着科研。

◎ 读博及未来

威廉是重情谊的人。在 TJHSST 和 MIT 所接受的教育使他受益良多,所以他想以教学的方式回馈母校。现在,无论是在 TJHSST 还是在 MIT 教书,都需要有一个博士学位。也许,这就是他读博的一个考量吧。

威廉曾经从他的学术指导老师及硕士导师那里得到了很多帮助。相信在读博这件事上,他也会听取导师们的意见和建议。他跟我讲过,读博最重要的是要选合适的博士导师,这样才能从学术培养上受益。他早在二月份就收到了哈佛的录取通知书，但是并没有告诉我们。直到他在最后期限内接受了入学邀请后，我才从与他的谈话中得知这件事。在这之前，他去过校园参观活动，对他们计算机系的系统架构科研印象深刻。同时，他也对校方的热情邀请深为感动。应该说，选择去哈佛攻读博士学位是他经过深思熟虑后的一个决定。

对于博士期间的学习，我比较关心的是，他将从哈佛大学得到什么样的培训，他将增长什么样的技能，这期间的学习对他的未来有什么样的影响。对于这些，他坦率地说："目前还不知道，但是有一点是确定的，哈佛的资源会使我得到很好的成长。"

计算机，在威廉看来已经不只是一种工具。从编写网页、算法，到软件工程，再到系统架构，威廉一直向着计算机征服者的方向前进。Go！William, the Conqueror！

人生百般滋味，
需要微笑面对

第七章

（美）傅雪梅

牛牛和妹妹出生在美国，幼时在美国长大，小学一二年级随父母来到中国，高中时又回到美国。比起在单一环境中从容长大的孩子，由于这两次转学所带来的语言问题、教育制度差异和剧烈的文化冲突等，使他们面临着极大的挑战。作为父母，我们从小注重培养他们坚毅乐观的人生态度，所以这种挑战并没有让他们惊慌失措。本文对孩子幼时习惯的培养，成长期间父母的陪伴，高中阶段的时间安排，以及在课内学习和课外活动中保持平衡的方法等都有所涉猎。除此之外，文章还简单介绍了美国高校的申请体系，我们在孩子申请大学过程中的迷惑和茫然，以及一步步走来的艰辛和感悟。

一、快乐童年——习惯养成的关键时期

◎ 积极面对环境变化

牛牛和妹妹都在美国出生。牛牛 7 岁、妹妹 5 岁的那个夏天，因为爸爸的工作原因，我们全家从北卡罗莱纳州的达勒姆市搬回了上海。牛牛和妹妹按照在美国就读的年级升学，分别入读上海公立小学二年级和一年级。

达勒姆和上海是两个风格迥异的城市，一个安静悠闲、森林环绕，另一个车水马龙、华灯璀璨。不只是生活环境有差别，教育方式更是截然不同。两个孩子的小世界里发生了巨大的变化：语言环境变了，他们从同龄人眼中的阅读能手变成了连题目都看不懂的文盲；课业压力大了，从前学校里的作业几乎可以忽略不计，现在即使没有语言障碍，光做作业也至少要花费一两个小时。同学们各个身怀绝技，放学后马不停蹄地参加各种学习班，没有人会像从前的牛牛和妹妹那样无忧无虑，放学后一直玩到天黑才回家。

牛牛和妹妹从学习中文开始，渐渐地适应了国内的考试制度和繁重的学业任务，这期间他们经历了很多，也学到了很多。从家长的角度看，孩子们的这段经历，教会他们在环境发生巨变、未来不确定的时候，始终保持乐观的态度，在逆境中不断自我激励、奋发向上、逐步调整、逐渐适应，学会在新环境中快乐地生活和学习。

然而这一切还没有结束，牛牛和妹妹上高中的时候，我们全家又从中国回到了美国。对任何人来说，这两次环境的转变都是不小的挑战。

回美国后，他们入读公立高中，牛牛读高二（十年级），妹妹读高一（九年级）。这次转学，他们在语言、社交、学习内容和学习方式上又要适应新环境。而且高中课业繁重，课外活动也占去了大量时间，他们需要在很短的时间内为自己重新定位，选择适合自己的课程，参加有意义的课外活动，开创只属于他们自己的高中生活。

成功克服了这两次环境变化带来的种种问题后，他们对未来遇到的各种挑战都有了积极面对的信心。相比很多条件优渥的同龄人，他们更加乐观、坚毅，这种性格恐怕也得益于求学过程的变化起伏。

◎ 快乐少年 ≠ 卑微的成年

我们所在的北卡罗莱纳州是一个气候温暖、鸟语花香的地方。通常幼儿园下午4点钟就放学了，从放学到日落，还有很长的一段时间。从春暖花开到红叶飘零，我几乎每天晚饭后都要带孩子们去附近公园里玩，他们在那里追逐奔跑、嬉戏打闹，度过了无忧无虑的童年时光。我会在他们玩耍的时候，适时地讲一些知识给他们听。叶子绿了，我会跟他们讲叶绿素对绿色光的反射作用；看到蝴蝶、蜜蜂的时候，会给他们讲一些关于昆虫的知识；他们玩累了，躺在草坪上看阳光透过树叶的时候，我就顺便告诉他们白色的阳光其实是由7种颜色组成的；秋天树叶黄了的时候，我会给他们讲植物的生长周期、地球和太阳的关系及季节的更替变化。有时候孩子们的问题很奇特，我也不知道答案，我就会带他们去附近的社区图书馆或网上搜寻答案。

通过亲近自然，孩子们不仅学习了很多常识，也感受到了生活的乐趣。在我看来，两个孩子的豁达、乐观、百折不挠的性格，与家庭氛围有着紧密的关系。在我的价值观里，始终保持好的心态，并且给周围的人带来快乐最为重要，所以我也一直这样教育我的孩子们。

◎ 兴趣是最好的老师

孩子们在公园玩累了的时候，我们会去图书馆读书。英文是拼音文字，掌握了规律之后就很容易推而广之。在幼儿园里，他们从三岁半左右开始读《鲍勃儿童读物》（Bob Book for Children），从最简单的由三四个字母组成的英文单词开始学习。记得当初他们刚开始学习拼读的时候，我买了一本专门为幼儿园孩子准备的字典，每天送他们去幼儿园之前，根据他们在幼儿园学习的内容，在字典上找一些类似的词语考他们。比如老师教他们学了"book，cook，hook"，我就考他们"look，took"的写法，因为这些词语写法相近。虽然我考的单词他们没有学过，拼写起来会有一点儿挑战，但因为只是单纯地改了一个声母，不至于拼写太难而让他们失去学习兴趣。再配合一些小红花、小印章之类的奖励，孩子们很快就发现拼写单词是有规律可循的，这是一项很有意思并且能获得成就感的活动，所以，他们每天轻轻松松、高高兴兴地就学会了很多单词。一个月左右后，孩子们就能准确无误地拼写那本字典里的很多由三四个字母组成的简单单词了。通过这种方式，孩子们举一反三地掌握了英文单词的拼写规律之后，就可以根据规律认识更复杂的单词。

社区图书馆里有很多配有录音带的图画书，在牛牛和妹妹学会阅读之前，我会先给他们读一遍书中的故事，再用中英文分别讲一下故事梗概，然后让他们听着录音入眠。他们学会了阅读之后，就可以自己看着书，跟着录音一起朗读了。接送他俩去幼儿园的路上，他们经常由一个人起头，另一个人跟着，两个人一起在车上绘声绘色地背诵头天晚上听过的故事。因为识字的过程轻松愉悦，所以孩子们在阅读方面进展神速，在他们不到5岁的时候，就可以独立阅读《哈利·波特》（*Harry Potter*）故事书了。离家不远的书店有个阅读角，很多同龄的孩子还在读小画书的时候，他俩就捧着大部头的书看，看得高兴了还会读出声来。美国人天性乐观，喜欢表扬别人。很多时候，看见两个小小的人儿捧着厚厚的书读，就会有家长走过来表扬他们，时不时还会有人请教他们是怎样学会读书的。他们就会告诉别人：自己是从薄薄的小书开始读的，读着读着，就可以读厚厚的一大本书了。请教的人离开之后，他们就像给妈妈争光一样，读得越发起劲儿了。看电视虽然可以轻易地获得声光色全面的享受，但是从来没有人因为他们看电视表扬过他们。和看电视相比，他们也一样喜欢读书。因为他们可以从书中获得和看电视、玩游戏不一样的体验，还能获得赞赏。因为不停地读书受到各种鼓励，读更多更高深的书就成了他们日常生活中的一大乐趣。一旦读书成为乐趣，它就不再是一件需要"头悬梁、锥刺股"的苦差，而变成了孩子们心甘情愿、乐在其中的美事。

除了培养牛牛和妹妹的阅读兴趣之外，我们还会利用周末时间带他们去参观科学馆、动物园、艺术展等，培养他们对科学和艺术的兴趣。有的家长可能会觉得孩子年纪小，什么也听不懂、记不住，带他们去这种地方是浪费时间和金钱。在我看来，带他们去这些地方，一方面是学习知识，另一方面也是最重要的方面，是培养孩子对科学和艺术的兴趣，增强他们对这个世界的好奇心，让他们学习用科学的眼光探究这个世界。孩子们两三岁的时候，我们带他们去博物馆，他们只会东奔西跑，看到吸引人的东西就跑过去凑热闹。牛牛7岁之前，我带他俩去过5次华盛顿的自然历史博物馆。后来问起他们时，因为牛牛大些，他可以说出看过的古生物标本和各种矿石，妹妹就只记得门口的大象。最重要的不是他们记得什么，而是长大之后，他们觉得业余时间去逛博物馆、艺术馆是正常的休闲娱乐，自然就会享受用这样的方式度过业余时间。他们偶尔也会玩玩游戏，但只是浅尝辄止，这缘于他们从小就养成了读书、逛博物馆和户外运动的习惯。别的孩子从游戏中获得的快乐，他们同样可以从这些活动中获得。这样的习惯养成并非是被迫的或是痛苦的，而是自然而然、充满乐趣的。和那些被迫去做的事情比起来，这些让他们获得快乐的行为显然更容易成为受益终身的习惯。

当孩子们爱上阅读，并养成了其他的好习惯之后，基本上就可以进行自我管理了，家长只需要在他们行为出现偏差的时候稍微提醒一下。在孩子年幼的时候，父母多付出一些心血，就可以达到事半功倍的效果。

二、在中国成长——打下坚实的语数外基础

◎ 中美教育的碰撞

因为孩子们的特殊经历，经常有人问我中美教育的优劣，在我看来，两地的教育各有优势。美国的教育更能发挥孩子的自主性，更注重思考、表达，孩子更愿意探索新知识。中国的教育更注重知识的获得，老师有统一的教科书，统一备课，孩子对所学的知识没有选择的余地，但是每天大量的作业和反复的练习，让孩子们在数理化等学科上打下了坚实的基础。

牛牛和妹妹在美国上小学的时候，学校里没有统一的教科书，教研组制订教学大纲之后，老师根据大纲选择合适的教材教孩子，孩子们围着老师，听老师讲数学、讲故事，每天上课的前几分钟还可以展示自己喜欢的东西。总而言之，课堂发言比较随意，很多东西没有标准答案，大家可以畅所欲言。天气好的时候，可以在田野里、树林里或者小河边上科学课，孩子不仅从书本上获得了知识，而

且通过接触实物增强了对所学知识的感性认识。记得妹妹两岁的时候，班里一个小姑娘的父母是研究昆虫的，这个小姑娘对毛毛虫很感兴趣，来上幼儿园的时候，她的手臂上经常趴着一只毛毛虫。老师不仅不制止，还会把所有的小朋友都叫到这个小姑娘周围，让她给大家讲毛毛虫变蝴蝶的故事。因为幼时有这样的同学和老师，妹妹长大之后从来不像其他孩子那样恐惧毛毛虫，反而觉得毛毛虫是一种很酷的宠物。在这种环境下长大的孩子，和那些父母、老师看到毛毛虫就吓得一蹦三尺高的孩子很不一样，他们的好奇心和创造力得到了保护，对待自然和身边的人、事、物也会更加友好、宽容。

刚回到中国的时候，国际大都市带来的震撼对于我们这些生于斯、长于斯的成年人而言都十分强烈，而孩子们在没有任何心理准备的情况下就被送进学校，接受截然不同的教育，更是一种全新的体验。对于很少接触中文的孩子来说，学习语文是很大的挑战，但是更大的挑战来源于文化差异。妹妹上学的时候，年龄不满六岁，在一年级的第一个月，几乎每天快到学校的时候，她都会嚎啕大哭，并死死地抓住校门，拒绝进入学校，直到班主任老师过来把她抱进教室。个别孩子刚上小学时，也会哭闹，但是像妹妹这样坚持不懈厌学的孩子很少见，于是她很快在新学校里名声大振。我问她为啥不喜欢上学，她每天哭诉的内容都是：上课为啥要排排坐？为啥所有人都要把手背到身后？为啥冬天那么冷都没有暖气？这样严格的要求，对于在美国散漫惯了的孩子来说，无疑是很大的考验，适应挑战的过程也是漫长而痛苦的，好在孩子年纪还小，经过一段时间的调整之后，便可以在新环境中游刃有余了。

牛牛回中国后，上小学二年级，他之前没有学过汉语拼音，跟国内在一年级里已经学习了将近一千个汉字的同学比，有着很大的差距。但是男孩子更坚强一些，他每天看着在校门口哭得泪眼婆娑、坚决不进校门的妹妹，还会帮爸爸、妈妈劝她："别哭了，哭也没有用。"他不仅这么说，也是这么做的，把妹妹哭的精力都用来学习了。第一个学期结束后，在那所重点小学 42 人的重点班里，牛牛的考试成绩名列第 14。作为父母，我们对他的进步欢欣鼓舞，然而家长会后和班主任的一番谈话让我很震惊，她让孩子不要骄傲，要争做第一名。记得当时我的回复是：一个班有 42 个孩子，不可能人人都是第一啊。直到现在，我还记得班主任听完我的这番话后，她那怒其不争的神情，让我心里直打小鼓。

这可能是中美老师最大的不同，美国是扬长式的教育，美国老师表扬孩子的每一个小小的进步，希望孩子将自己的优点发扬光大；中国是补短式教育，中国老师会找出孩子的每一个缺点，督促孩子改正。

从美国转学到中国，两个孩子经历了大约半年的适应期。半年之后，他们已经很好地融入了当地的文化，在语言上也跨越了听、说、读、写的障碍。这段经历让孩子们的抗压能力得到了极大的提升。

◎ 自信阳光大男孩

在中国上初中，除了能够在数理化学科上打下坚实的基础外，对牛牛来说还有特殊的意义，而这个意义也是我们后来才慢慢意识到的。就是在熟悉的文化氛围里，与相同肤色和面孔的同龄人一起度过青春期，对牛牛性格的培养有着极大的影响。

在美国，因为亚裔男孩体格不如其他族裔男孩那样高大健壮，参与热门运动时不像其他族裔孩子那么积极，这就显得亚裔男孩比较内向，不爱表达自己。牛牛就是这样。在美国上幼儿园和小学一年级时，其他孩子做游戏，他都不加入，自己蹲在旁边玩树叶、玩蚂蚁。幼儿园老师担心他的性格过于孤僻，和我谈过好几次。牛牛在家里却是一个活泼好动的孩子,我以前一直以为是我们在家里用汉语交流的原因,是语言的不同导致了他在家里和学校表现上的巨大反差。到了中国之后,我逐渐意识到,对牛牛来说,除了语言因素之外,整个社会对他的接纳使他更有自信,在熟悉的人群中长大,更利于培养他的勇气和信心。

记得刚回美国不久,一位邻居问牛牛:"你是中文更好些还是英文更好些?"我以为他会谦虚一下,没想到他立刻自信满满地告诉邻居:"我的中文、英文都很好。"牛牛信心十足的答案给了我很大的惊喜,我意识到他的这种自信和在中国的成长经历息息相关。很难想象,如果牛牛在小学和初中继续过着和幼儿园里一样形单影只的学校生活,在被集体边缘化的情况下,又怎么会像现在这般自信。

在中国的学校里,牛牛和妹妹度过了他们的小学和初中生活。由于反复的强化练习,他们在数理化和中文方面都打下了坚实的基础,而且在大都市的文化熏陶下,他们的眼界更加开阔,性格也更加自信、豁达。因此,我对两个孩子在国内的求学经历充满了感激。

三、求学美高——燃起强烈的学习兴趣

◎ 选择什么样的高中?公校还是私校?

当初想要带孩子去美国读高中时,由于从做出决定到具体实施的时间太短,孩子来不及准备PSAT,所以,与其在一般的私立学校就读,不如上个好的公立学校。决定了在公立学校就读之后,摆在我们面前的问题是:回到气候温暖、大人和孩子都更熟悉的北卡罗来纳,还是到更多大学聚集的东北部?记得当时我们颇下了一番功夫:对各个公立学校进行排名,对其教学特长和学生毕业去向做详

细的比较。最后决定发挥孩子的理科特长，定下波士顿城郊的一所高中。这所高中在全美高中里排前几十位，科学和数学的教学最为出色。更重要的是，这所高中距离哈佛大学、MIT 只有 20 分钟的车程，我们可以在周边的大学选修高中提供不了的 AP 课程。

◎ 坚持英文学习，更快适应美高生活

回美国的时候，牛牛读十年级，妹妹读九年级。由于在中国长大，他们的第一语言是中文，已经习惯了用中文阅读和思考，所以他们需要先通过 ESL（English as Second Language）的考试，才能和其他同学一起上课，我们事先不知道，也完全没有准备。考试那天是典型的盛夏天气，不知是天气太热还是等得太紧张，我出了一头大汗。因为以前从未接触过这类考试，不知道考试内容是什么，担心孩子们考不过。如果考试没有通过，不仅说明他们的英语水平无法达到和其他孩子一起上课听讲的程度，还要额外花费时间参加 ESL 的学习，直到考试通过为止。好在在中国的时候，虽然没有英语的语言环境，但是我平时频繁借阅、购买英文读物，各种英文读物遍布孩子的各个活动区域，触手可及。无论是在家里还是在车上，只要有空我就见缝插针地播放英文录音，人为地营造英语环境。通过这种方式，利用各种边角时间，让孩子们阅读和听读了大量的英文书籍，加之国内学校对英语学习的重视，两个孩子最终都以高分通过了这项考试。在参加这项考试的十几个人中，只有他俩通过。

有的孩子在八年级时从中国来美国，之前英语就一般，来了以后也没有积极地参与各种提高英语能力的活动，而是用看电视剧、游逛中文社交平台和跟其他中文背景的孩子交往来打发课余时间，直到高中毕业，也没有通过 ESL 考试。英文不好，不能轻松地与当地孩子沟通，导致这些孩子更加喜欢躲在由中国学生组成的小团体里，使得他们很难融入当地的文化和生活。他们并不是因为吃不惯汉堡、炸鸡，或者是不习惯感恩节和圣诞节，而是英文水平低，无法将问题表达清楚，也听不懂别人说的话，慢慢地，他们就会因为语言问题而备受孤立。长此以往，可能会影响孩子的性格发展。如果家长打算让孩子去美国留学，应该在孩子的英语学习上早做打算，语言不过关，孩子在美国的学习和生活都会受到很大的影响。

◎ **如何选课？高级课程（AP）还是普通课程？**

我带牛牛去学校注册的时候才发现，其他学生在九年级的下学期就已经选好了十年级的课程，剩下的可供牛牛选择的课程已经非常有限了。妹妹是九年级，只要按部就班地和其他孩子一样选课就好。而牛牛不同，他想选 AP 课程（高级课程），却发现只有一个班还有空位可以接纳他，牛牛别无选择，于是就选了 AP Biology。在我们的印象中，生物课需要记忆的内容比较多，是一门略偏文科的理科课程。可是美国的 AP Biology 包括了分子生物学、结构生物学的知识，所以对数学、物理和化学的知识都有很高的要求，还好牛牛在国内读八年级的时候已经学过一遍生物，虽然侧重点不同，但还是打下了不错的基础。

大约在开学后的一个半月，我在家长会上第一次见到对学生高标准、严要求的生物老师。她告诉我："牛牛学习还不错，就是课堂上发言少，不够活跃。"我连忙解释："牛牛刚从中国转学过来，需要一段时间来适应。"记得当时她的回复是："这不能成为他上课不积极发言的理由。"于是，虽然牛牛在刚开学时考得还不错，在后面的几次考试中更是取得了全班第一的成绩，最终还是因为课堂参与度不够得了一个 A⁻。虽然没有按照先易后难的标准选课，而是在不得已的情况下直接选了一个内容特别难的课程，但这样做也并非全无好处，学完这门课之后，后面的各种 AP 课程学起来就毫无压力了。

通过这件事情，培养了牛牛良好的心理素质，同时我们也意识到了中美两国在学习要求上的巨大差异。在中国，学生的总成绩基本由平时成绩和期中、期末成绩组成；在美国，学校不仅关注学生的考试成绩，平时的作业和课堂表现在最终成绩中占了很大的比重，最终成绩是二三十次不同量级的考试成绩和课堂表现成绩的加权平均数。学生为了取得好成绩，必须保持良好的学习状态，在课堂上积极参与老师的提问，热烈发言。课堂上基本上没有玩手机的现象，也从根本上杜绝了学生期中、期末考试之前临时抱佛脚的行为。在美国，学生要取得一个不错的最终成绩是非常不容易的，所付出的心血和汗水与国内高中生相比，只多不少。

◎ **不一样的教育方式**

妹妹是个很聪明的孩子，但是在整个初中阶段，她的学习热情一直没有被激发出来，用一句比较专业的话来说，就是没有内驱力。我们经常觉得她只把不到十分之一的精力用来学习，其他十分之九的精力都用来干各种杂事。作为父母，我们始终苦恼于如何激发她更高的学习热情，但是一直没有找到方法。我对她的学习态度很是不满，好在爸爸比较有耐心，一直劝我不要着急，要相信孩子。她的学习成绩虽然不是最好，但也一直排在班里的前 5 名，我们也就由她去了。不努力学习就有很多时间做自己喜欢的事情，记得初二时她沉迷于绘画，班上有个画画好的同学给她画了一只眼睛，她就以此画为范本，每天回家第一件事就是拿起画笔，临摹那只眼睛，一画就是几个小时，毫不嫌累，用自己的行为完美地诠释了"兴趣才是最好的老师"这句话。一时间，家里到处都堆着画满眼睛的画稿。有时候在她房间里，被形态各异的眼睛包围着，让人心里发怵。就这样，马上要期末考试了，她才发现老师发的 10 张卷子，她还一张都没有做，于是匆匆忙忙地放下自己迷恋不已的画笔，开始专心地学习数学。妹妹虽然最后拿到了全班第一名的好成绩，但是在短时间内学会的东西也在短时间内忘得干干净净。我不是虎妈，妹妹也不是虎女，于是她初中两年的学习生活就这样浑浑噩噩地度过了。

◎ 被激发的学习热情

到了美国，妹妹很快就清楚了这边的规则，知道临时抱佛脚的学习方法行不通了，突击考试得到的好成绩只占最终成绩的一小部分。要想取得好成绩，就要把精力放在平时的学习中。于是，当初那个历史得 98 分，几个月之后就问我隋朝是不是在清朝之后的小姑娘不见了，取而代之的是一名上课认真听讲，下课认真完成作业的好学生。当然，激发她学习兴趣的还有美国课堂对学生参与度的重视。在美国的学校里，历史老师的做法是，提供几个课题，让学生任选一个，写一篇文章。以参与和思考为导向的美国高中教育极大地激发了妹妹的学习热情，让她自愿地想把知识学得更深、更广，而多样化的课程选择也给了她更多的自主权，让她可以充分地挑战自己，提高自己。

◎ 丰富的高中生活

牛牛和妹妹在初中时一般都是晚上 9 点左右睡觉，来到美国之后，因为要适应新环境，上比较难的 AP 课程，参加各种课外活动，还要提高学习成绩，所以他们的睡眠时间自然而然地推迟到了晚上 10 点，甚至 11 点。我以为他们会喊累，结果他们没有丝毫抱怨。可能是因为全新的学习环境、不同的评判标准和极具挑战性的任务点燃了他们内心的小火苗，在自行决定选课内容和课程难度的情况下，他们胸中好胜的火焰熊熊燃烧起来，他们不停地给自己加大学习难度，却没有丝毫抱怨。来美国之前，我们以为美国中学的数学很简单，也听说美国孩子学习很轻松。牛牛的一位初中同学在加拿大留学，那位同学当年在牛牛班上的学习成绩是中等，据说到了加拿大之后，他的数学成绩轻而易举就可以得满分，让当时牛牛班上刻苦攻读的小伙伴们羡慕不已。因为这些错误的认识，刚到美国的时候，我们在数理化的学习上没有做好足够的心理准备。在美国，小学阶段的孩子下午两点多就放学，参加各种以兴趣为主的课外活动，花在游戏上的时间的确比中国孩子多很多。但是到了高中，每项测试的成绩都要计入总分，如果只想让孩子上一般的大学，一门AP课程也不选，也许会比较轻松。如果想让孩子"爬藤"（Ivy League College），无论"大藤"（哈佛、MIT、耶鲁、普林斯顿和斯坦福）还是"小藤"或者其他名校，足够的AP课程、丰富多彩的课外活动以及良好的SAT（大学入学考试）成绩，都是进入名校的必要但非充分条件。

◎ **丰富的课内学习和课外活动**

对美国的高中生活感兴趣的人可以看看妹妹十一年级的课程安排，这是比较典型的理科生的课程安排。

文史课程：英语、西班牙语、历史。因为妹妹对理工类课程更感兴趣，所以这三门课程都没有选AP课程。英语课大约每周写一两篇作文，西班牙语课主要是单词和考试，和我们当年学英语不一样的是，刚开始学西班牙语不久，老师就让学生用自己掌握的为数不多的词语和句子写文章，和国内注重标准化考试的教学方式相比，国外学生的语言运用能力更强。历史课要求学生每学期写一份研究报告。不得不说，这种多元、开放、富有引导性的教学方式极大地激发了孩子的学习兴趣。

理工课程：微积分、AP计算机编程、AP化学。妹妹在学期初还选了AP统计，但是辅导员觉得她课业负担太重，主动帮她去掉了。我开始以为微积分仅仅是为了考 SAT 专项或者 AP 考试而学的，只是从厚厚的书本里面选择性地学一点儿。后来在家长会上了解到，他们的数学老师是 MIT 数学专业的本科，加州伯克利大学的物理学博士，卖了四个初创公司，实现了财务自由之后，为了实现人生理想，来到这所高中当了数学老师。凭着自己对数学和物理学的热爱，他把两年的大学数学和理论物理的部分知识压缩在一年的微积分课程里，难度之大可想而知。所以，孩子们从来没有觉得美国高中的数学简单，每次都是拼尽全力去学习才能拿到 A。

AP 计算机编程也比我想象中难很多，我本以为高中的计算机编程不过就是学一些简单的命令，编一些小儿科的应用，而这个课程对计算机编程知识覆盖的深度和广度也大大超出了我的预期。以 Java 课程为例，为了巩固学生所学的基础知识，考试的时候不允许使用计算机，只可以用纸和笔。让我感到无比惊喜的是，孩子通过学习这门课所掌握的计算机编程知识已经可以达到入门程度的 IT 从业者的水平了。牛牛高中毕业之后去公司实习，便可以独立完成一个小规模的项目了。

AP 化学相对于其他 AP 课程简单一些，但是也比当初的高中化学的难度大了很多，其中包括化学以及部分物理、生物的知识。

课外活动（主要是在下午 2:30 放学之后）

周一下午：数学小组。主要是针对 AMC（American Mathematics Competition）和奥林匹克数学竞赛所做的训练。训练形式多样，有专门的指导老师进行培训，也有数学好的高年级学生担任志愿者，给低年级的同学培训，还会进行校内比赛和校外比赛。

周二、周四下午：机器人小组。每年的机器人联盟都会事先给出参赛命题，机器人小组的成员需要自行购买材料，设计、构建及编程符合赛事内容的机器人，然后带着机器人作品去参加比赛。根据每个小组的比赛成绩，判断这个小组是否可以晋级。机器人的设计和制作，考验学生的动手制作能力、编程能力、创造力、逻辑力、操控力、分析力、判断力等综合能力。对于妹妹这种从来没有接触过电路设计和编程的孩子来说，极具挑战性，被挑战性激发的斗志让妹妹在机器人小组活动上面投入了大量的时间。没有比赛时，活动通常在晚上6点左右结束；准备比赛时，工作到晚上九十点钟是常有的事情。

周三下午：编辑校报。校报是周刊，每份有8页，妹妹负责排版。我曾经仔细阅读过他们的报纸，做得相当专业。

其他活动有亚洲俱乐部（主要进行亚洲各国文化和美食的介绍，妹妹主要负责托钵化缘——募集资金以及制作海报）和红十字会（学习急救知识，帮助灾民募捐，协助红十字会举办无偿献血等活动），后来因为机器人小组的活动越来越频繁，她在其中投入的时间和精力也越来越多，这两项活动就逐渐被搁置了。

周六上午：家教。

周六下午：学习绘画，培养个人爱好。因为自己赚钱不易，所以学得格外认真。

周日上午：到中文学校做义工，回馈社会。

周日下午：复习SAT，备战考试。

科研活动

妹妹参加了 PRIME（Program for Research in Mathematics, Engineering and Science for High School Students）科研项目，此项目是 MIT 为了给周边学校的高中生提供科研机会而举办的。妹妹在 MIT 实验室里工作，做生物计算模拟。她每周日晚上大约会花费两三个小时去 MIT 开组会，实际工作主要以计算机编程为主。这项活动主要是计算机编程，网上沟通即可，不需要每天去 MIT 报到，所以并没有和机器人小组活动产生冲突。

四、大学申请——梦想成真

◎ 努力学习，提高成绩

刚到美国的时候，牛牛和妹妹度过了一段很长的彷徨和低落时期，那时候他俩除了要适应新环境，最大的担心是跟不上学习进度。他们在国内打下了坚实的数学基础，因此数学学起来还算轻松。记得妹妹九年级上数学课时的一个小插曲，那时候她还没开始学习微积分。上课的时候，她看着面前比国内学的简单得多的数学题，想着国内的同学正在数学学习的道路上飞速前进，而自己却在这边复习这种小儿科的东西，不禁叹了口气。旁边的印度女孩同情地看了她一眼，过一会儿递给她一张纸条，上面写着："It is so hard, right？"妹妹看了这张纸条，哭笑不得。直到后来选了微积分、多元微积分和线性代数之后，数学的学习难度陡增。刚到美国的时候，他们可以在数学的学习上节省一些时间，但是大规模的英语阅读和写作让他们应接不暇。在国内，英语被作为一门主要功课来学，但是他们的英语水平和在英语环境下长大的孩子比起来，听、说、读、写的功力还是相差很远。那个时候，我去得最多的地方就是书店和图书馆，还给他们订阅了《美国国家地理》（National Geographic）《科学新闻》（Science News）等杂志，这样一来，孩子们触手可及的都是英文读物，加上每天在学校里的各种教科书和辅助教材，大约半年之后，他们的英文水平都有了飞速的提高。他们刚来的时候每次写完文章都不太确定，需要拿给我改语法错误，渐渐地就可以独立完成作业，信心满满地交给老师。随着对英语环境的逐渐适应，他们能够流畅地在课堂上表达自己的想法，成绩也不断上升，从 A$^-$ 上升到 A，到十一年级的时候，牛牛的各科成绩都是 A，妹妹的各科成绩都达到了 A$^+$。

◎ 把写申请文书、回答申请问题当作展现自己的机会

十一年级结束之前，老师会让他们在英文课上练习写大学申请文书，并且让学生互评。申请文书可以帮助大学的录取委员们在课程、学校成绩、考试分数及其他客观数据之外的领域进一步了解申请人，它体现的是学生的自我组织和表达能力。我认为，大学的申请文书类似于国内小学和中学所写的"一件小事"那样的作文，大部分学校规定字数为 600 字，在这 600 字里，你需要叙述一件让你感触很深的事情，并写出这件事情对你的影响。写这样的一篇小文看似很容易，但是要吸引人读下去，文章的内容有趣和新颖是必不可少的。在这篇文章里要展示你的兴趣和热情所在，最好能够反映出你的信念。别看这篇小文只有 600 字，但是要写好是很不容易的，需要平时留心观察自己身边的小事。申请文书是自由命题，可以选择任何主题来写。要想打动人心，首先要感动自己。牛牛的申请文书写的是他在 MIT 参加 PRIME 时做实验屡战屡败，屡败屡战，最终克服困难，取得成功的故事。妹妹的申请文书写的是她所参加的机器人小组在比赛之前为了赶

进度，需要工作到很晚，影响了学校保洁员的工作，文中讲述了他们和保洁员之间有趣的互动故事。他们写的都是发生在自己身上的小事，因为事情真实，所以文中会有很多细节，以及他们真实的内心感受。我读过孩子们写的申请文书，刚读开头就被深深地吸引住了。有些父母可能喜欢代劳或者逼迫孩子写自己看好的主题，但是成人和孩子的视角毕竟不同，家长一定要尊重孩子的意见。对于火眼金睛的大学录取委员们来说，哪些申请文书是孩子自己写的，哪些申请文书是由家长代笔的，是很容易辨认出来的。写完申请文书之后，同学之间会有一个互相修改的过程。我看过妹妹的同学给她的修改意见，不得不说，还是相当用心的，英文水平也很不错，改过之后，文章的质量确有提高。同学之间互相修改之后，英文老师会对申请文书做进一步的修改。经过这两轮的修改，申请文书基本可以定型了。

◎ 申请大学

在十一年级的暑假写好申请文书，十二年级上学期就真正进入了申请大学阶段。写作申请文书只是申请大学整个过程中的一部分，还有一些表格需要填写，一些问题需要回答。我翻了一下妹妹当年的申请表格，需要回答的主要问题有5~6个，每个问题需要回答100~200字。MIT网站上对于这些问题的描述是，希望通过这些问题倾听申请者自己的声音。校方希望了解的是：你是谁？是什么在驱使着你？对你而言最重要的事情是什么？是什么激励着你前行？校方希望学生秉持着坦诚、开放、真实的原则回答问题，把回答这些问题看作是和招生人员进行交流的一个机会。我把牛牛申请大学那年MIT申请平台（MyMIT）上的问题摘录下来，供读者参考。

（1）Please tell us more about your cultural background and identity in the space below (100 words limit).

请描述一下你的文化背景和身份（不超过100字）。

（2）We know you lead a busy life, full of activities, many of which are required of you. Tell us about something you do simply for the pleasure of it.

我们知道你有很多不得不参加的活动，而这些活动使得你的学习生活很忙碌。请告诉我们你纯粹为了兴趣而做的一件事情。

（3）Although you may not yet know what you want to major in, which department or program at MIT appeals to you and why.

虽然现阶段你也许还不太清楚自己想选什么专业，但是请你说一下MIT的哪个系、哪个专业最吸引你，为什么？

（4）At MIT, we seek to develop in each member of our community the ability and passion to work collaboratively for the betterment of humankind. How have you improved the lives of others in your community? (This could be one person or many, at school or at home, in your neighborhood or your state, etc.)

在MIT，我们的目标是使MIT中的每个人拥有为了人类的美好生活而共同奋斗的能力和热情。你曾经做过哪些事情改善了社会上其他人的生活？（可以是一个人，也可以是许多人，可以在学校，在家里，在社区，或者在你所在州，等等。）

（5）Describe the world you come from; for example, your family, clubs, school, community, city, or town. How has that world shaped your dreams and aspirations?

描述一下你的背景，例如：你的家庭、俱乐部、学校、社区、城市或者小镇，这些背景是怎样塑造你的梦想和激情的？

（6）Tell us about the most significant challenge you've faced or something important that didn't go according to plan. How did you manage the situation?

告诉我们你生活中曾经碰到过什么不期而遇的重要挑战？你是怎样处理这种情况的？

◎ 家长在大学申请中的角色

在牛牛申请大学之前，我咨询过一些有同样经历的父母，大多数人骄傲地告诉我，所有的一切都是孩子自己完成的，作为父母，他们很少参与。但是经历了自己孩子的申请大学过程，我认为家长适度地参与还是很有必要的。整个申请过程比较烦琐，就拿选学校来说，除了一小部分处在青春期的孩子可以理性思考之外，其他大部分的都是兴之所至，看周围的朋友申请什么学校，自己就跟风申请，至于自己的学习成绩、课外活动情况、SAT 成绩、奖学金等一概不考虑。听妹妹说，她们年级的一个女生，爸爸是哈佛大学的教授，她被哈佛大学提前录取了，但是她的男朋友想去科罗拉多大学，于是她毅然决然地放弃了哈佛大学，选择了科罗拉多大学。对于成年人来说，这并非是一个好的选择，但是它代表了很多青春期孩子的决策方式，即跟着感觉走。除此之外，很多孩子还喜欢从众，当时妹妹所在的机器人队就群起申请 MIT 和加州理工学院(Caltech)。这个时候，家长如果能够适当地介入，帮助孩子理性分析，教孩子根据自己的情况选择学校就显得格外重要。

在美国，虽说每位学生可以随便申请若干所学校，很多大学共用一个通用申请（Com-mon Application），但是这些学校除了共用一部分信息，还有很多属于自己学校独特的问题，而回答这些问题都需要花费时间和精力。只申请一两所还好，如果同时申请多所大学，仅回答这些问题就要耗费很多精力。所以，选择自己喜欢并适合自己的学校非常重要，可以说，正确的选择是成功的一半。

◎ 校友面试——展现真实的自我

牛牛和妹妹在申请过程中都参加了校友面试，我个人的感觉是：面试是申请人作为一个活生生的人而不是冷冰冰的申请材料和招生办公室人员进行沟通的机会。通过浏览大学申请论坛，我发现参加面试的人比没有参加面试的录取率要高一些，所以一定要抓住面试的机会。在 MIT 的招生网站上提交申请之后，MIT 的招生办公室就会根据你的地域给你指定一个面试官，面试官通常是 MIT 的校友。牛牛的面试官是一位女士，在 MIT 读了本科、博士和 MBA。在面试之前，牛牛做了一些准备，通过网络对面试官的背景了解了一下，正好这位面试官在博士期间做的工作和牛牛在 MTI PRIMEs 做过的工作有相似之处，于是他们就讨论了这个行业的现状和前景。面试官当时从事金融行业，所以就大的经济形势提了一些问题，牛牛虽然没有准备，但是他平日里经常读书、读报，对经济走向也很感兴趣，他们相谈甚欢，整场面试大约持续了一个多小时。

妹妹面试的时候，面试官是一对刚从 MIT 毕业的夫妇，丈夫从事计算机行业，太太从事生物行业。正好妹妹在机器人队里负责软件编程，在 MIT PRIMES 里做的是生物统计工作，所以对计算机和生物都有比较深刻的了解，而他们的谈话也从一开始的课外活动过渡到技术细节，详细到 C 语言中某个指令的用法。面试之后，面试官还把妹妹写的文章拿回去，准备仔细阅读。从妹妹和牛牛的面试经历可以看出，面试需要做一定程度的准备。比如，了解面试官的背景等，但是可以准备的内容也很有限，重要的是展示一个真实的自己，表现出对某项事情发自内心的热爱，和为了自己热爱的事情坚持和努力的态度。

牛牛和妹妹性格都比较外向，所以和别人沟通毫无问题。和妹妹同时申请MIT的一个男孩性格非常内向，但是很喜欢数学，对数学是发自内心的热爱。十一年级的时候，他在离家不远的大学选修了5门数学课程。这个男孩的妈妈后来跟我讲，他面试的时间不是很长，总共没有超过20分钟，只聊了一些数学问题。她的儿子虽然不善言谈，但是对数学的热爱是藏不住的，也顺利通过了面试，被MIT录取。所以，面试并不是我们理解的能说会道才好，关键是要有诚意、有热情，过度包装自己可能会适得其反。

面试过后，提交了申请材料，递交了老师的推荐信以后，除了等待之外，自己能做的就不多了。提前录取的信息一般在12月中旬发布，感谢命运的眷顾，两个孩子的大学申请过程都进行得很顺利，都被MIT和Caltech两所学校录取了。最后因为个人兴趣和地域原因，他们都选择了进入MIT就读。

◎ 大学招生中的考量因素

两个孩子都在MIT就读，经常会有人问我，哪些因素在录取过程中最为重要。我认为MIT注重考查学生的方方面面，但是从听说的一些例子来看，相比其他藤校，MIT并不是特别注重学生德智体美劳的全面发展。只要在某一方面有特长，MIT都会考虑。当然，如果性格好，在某方面有特长，还有出众的领导力，MIT可能会更喜欢。对于申请MIT，在所有因素中，重中之重还是学术方面的考量。其中最重要的几个因素包括：GPA、SAT或者ACT的成绩，所选择的课程的难易程度、申请文书、学校老师的推荐信。在非学术方面，诸如面试印象、课外活动、能力和特长、个性和素质等都是招生委员会重点考察的因素。另外，例如班级排名、种族、参加的义工活动以及工作经历也是招生委员会可能会考虑的因素，但并非重要因素。当然，在诸多因素之中，学术方面的因素还是最主要的，因为 MIT 毕竟是一所顶尖的理工科学府，如果录取的学生没有扎实的学习基础，很难完成这里的学业，并且按时毕业。我们申请大学的时候，使用了孩子们所在高中提供的 Naviance 平台（申请美国大学的电子网络系统），了解相关大学这些年在此高中的录取情况，了解自己孩子的学习成绩和考试成绩在以前所录取的学生中所占的位置。在申请之前先通过这些信息进行估计，知道自己孩子的成绩是否符合所申请学校的要求。从 2011 年到 2015 年，MIT 在这所高中所录取学生的平均 GPA 是 3.93，SAT 两个科目的总成绩是 1548，而那些低于平均分的录取者，则可能是在各种竞赛中胜出的佼佼者。

◎ 各种学术竞赛获奖对录取有很大帮助

（1）在各项竞赛中，最具影响力的是国际奥林匹克数学、物理、化学、生物、计算机竞赛。一般来说，只要在上述竞赛的任何一个中获得奖项，基本上就可以被心仪的大学顺利录取。MIT 每年大约在中国录取 10 名学生，基本上都是各种奥林匹克竞赛的获奖者。

（2）比奥林匹克竞赛稍逊一筹的是英特尔少年科学天才奖和西门子科学奖，这两个奖项的社会声望对学生在大学录取中的作用基本相当。英特尔少年科学天才奖面向美国高中生（包括持 F1 签证的国际生）开放，西门子科学奖只对美国公民和持有美国绿卡的高中生开放。基本上英特尔少年科学天才奖和西门子科学奖决赛的入围者都可以进入藤校。

（3）一些录取率很低的暑期项目入选者不仅有机会从事科学研究，密切接触大学的教授和学生，还有很大机会取得有力的推荐信，拿到申请这些大学的敲门砖。这样的暑期项目包括：

- RSI（Research Science Institute）；
- MIT PRIMES (Program for Research in athematics, Engineering and Science for High School Students)；
- ROSS Mathematics program at Ohio State University；
- PROMYS program at Boston University（Program in Mathematics for Young Scientists）；
- The Summer Science Program；
- Simons Summer Research Program at SUNY Stony Brook；
- The Clark Scholar Program at Texas Tech University；
- Summer Program for Juniors (TASP) – Telluride Association。

除此之外，在正式的英文学术期刊（*peer reviewed*）上以第一作者或唯一作者发表的研究论文也可以作为申请大学的有力条件，注意是第一作者或者唯一作者，这个条件对于一般高中生来说很难实现，除非从小就对科学研究有着极大的热忱。因为对于绝大多数的博士生来说，他们的毕业要求就是在正式英文学术期刊上发表一篇以第一作者署名的文章。

牛牛和妹妹都参加过 MIT PRIMES，我可以详细介绍一下申请这个暑期项目的过程，给家长们一些启发。PRIMES 是 MIT 为热爱数学、工程和科学的高中生所设立的一个研究项目，这个项目按照侧重点和地域分为四个部分。MIT PRIMES，是波士顿地区的研究项目，学生可以和 MIT 的教授、学生一起做数学、计算机和生物计算方面的研究。PRIMES–USA 是面向全美十一年级高中生的数学研究项目。PRIMES Circle 是面向波士顿地区弱势群体的数学提高项目。PRIMES STEP 是面向波士顿地区初中生的数学提高项目。

要想申请该项目，首先要确定自己的研究方向，是纯数学还是计算机或计算生物学。如果申请纯数学的研究方向，就需要做一套普通数学题和高等数学题；而申请计算机或计算生物学，则需要做一套普通数学题和计算机编程题。普通数学题有 7 道，开放的时间是从 9 月 19 日到 12 月 1 日，高等数学题有 6 道。计算机编程题共 17 道，一般情况下，如果将数学题完成 30%，编程题完成 90%，就有很大的机会被录取。录取之后，从次年的 1 月 1 日到 12 月 31 日，学生需要经历阅读相关文章、参与实验室科研、独立研究、将研究成果写成文章并发表四个阶段。

很多学生会用 PRIMES 研究所获得的数据去参加英特尔少年科学天才奖或者西门子科学奖，并且在申请大学时，凭此获得来自实验室教授的推荐信，参加这个项目的绝大多数学生最终都能被很好的大学录取。如果孩子对科研感兴趣的话，可以参加一些高校举办的相关科研项目，可以在这些项目中学到很多研究方法和前沿技术，还可以结交大学里的教授和同学。

五、大学生活——快乐地生活，并刻苦学习着

作为世界一流大学，MIT 还开设了很多课外活动，其丰富程度，大大超过高中学校。孩子们刚上大学，摆脱了家长的每日督促，也需要一段时间来调整和适应，学习自主安排时间。在入学的半年时间里，孩子们可以尝试各个专业的课程和自己感兴趣的社团。一旦发现这些课程或社团不适合自己，可以有很长一段时间来决定是否要继续修这门课或者是否退出这个俱乐部。

牛牛在第一学期选修了四门课程，在通常情况下，每门课 12 个学分，学分

的数量代表着学校希望学生每周在这门课上花的小时数，包括上课、作业、阅读、实验等。四门课就是48小时，再加上社团活动和在实验室实习，牛牛已经忙得团团转了。好在第一学期不必太在意分数，牛牛充分利用这段缓冲期交了不少朋友，也尝试了各种社团活动，最后找到了自己喜欢的专业和社团，可以说这段缓冲期功不可没。妹妹一直知道自己想要什么，很快便确定了感兴趣的专业和课外活动，所以她很快适应了大学生活。牛牛已经上二年级了，延续高中数学、物理、化学等基础知识的课程都已在一年级学完，在二年级便正式进入专业课程的学习。虽然经过了上半年的缓冲期和下半年的准备期，但是MIT毕竟是MIT，在对学生要求最严、学习难度最大的大学排名中，MIT总是名列榜首。在别的学校，把作业完成后交上去就可以了。而在MIT，因为作业难度特别大，需要学习小组一起讨论完成。尽管这样培养了学生的合作能力，但在同一个小组里，学生的水平良莠不齐，交上的作业却相差无几，这就说明同一小组中有人贡献得多，有人贡献得相对少。为了保证每一个MIT毕业生的高质量、高水平，学校规定作业交上之后，每个学生都要到助教那里讲述自己对作业的理解。虽然这种做法不能完全杜绝作业的抄袭现象，但是可以保证每位学生都能对所学的知识融会贯通。

为了让学生将课堂上学到的知识应用到实践中去，学校还提供了允许本科生参与的科研项目（Undergraduate Research Opportunities Program，UROP）。这个项目在本科生和教授之间搭起了一座桥梁，由学校支付学生工资，教授可以获得高水平的劳动力，学生可以在实验室中学到最先进的技术，并且把自己所学的知识应用到实践中。牛牛在一年级下学期获得了世界顶级生物实验室的实习机会，通过在实验室里的工作，他不仅把自己学到的生物知识和计算机编程知识应用到了实践中，还认识了一帮志同道合的朋友，同时对自己未来可能从事的职业有了

第七章
人生百般滋味，需要微笑面对

一个客观的认识，为自己未来的职业选择做了一次有益的尝试。

除了 UROP，孩子们特别喜欢的一项活动就是冬季长达一个月的独立活动期（Independent Activity Period，IAP）。在这段时间里，孩子们可以参加任何自己喜欢的课程或者活动，其中有的计入学分，而有的不计入学分。不计入学分的有手工、画画、健身和各种文化学习，计入学分的有各个系开设的短期课程。牛牛参加了健身课程，妹妹参加了人工智能课程。这两种课程都没有学分，却都是他们平时感兴趣而没有时间参加的，在专业老师的引领下，学起来自然兴致盎然。这样既可以让孩子们从繁重的学习生活中解脱出来，又不至于在冬天一个多月的时间里无所事事。IAP 为孩子们提供和同龄人一起做感兴趣的事情的机会，给孩子们留下了美好而深刻的回忆。

寒假终于到了，牛牛和妹妹回到家里，他俩都成长了很多，似乎已经从懵懂少年成长为独立、有担当的年轻人。说起 MIT，他们的语气中充满着自豪，他们会跟我讲在 MIT 遇到的优秀的人以及这些人所取得的成就。和比自己优秀的人在一起，孩子们开阔了眼界和心胸；通过和优秀的人交流，孩子们逐步认识自己的能力，也意识到自己可以做得更多，在事业上可以走得更远。MIT 除了在学业上对学生严格要求之外，在心理成长和精神健康方面也格外关心学生。学校给每个学生配备了导师，对学生给予帮助和引导。导师帮助学生选课，还帮助学生逐渐明了自己的职业兴趣和方向。在孩子们离开父母之后，导师承担了父母的部分职责，即便孩子举目无亲，也不至于在陌生的环境中感觉孤立无援。导师都是在各行各业取得一定成就的人，他们可以站在更高的层面引导学生。可以说，MIT 在学生的培养方面做到事无巨细。用孩子自己的话来说："进入 MIT 是我最正确的选择，我喜欢 MIT！"

家庭教育的力量
十位 MIT 学生家长的教育手记

第八章 多才多艺的理工女

(美)傅雨虹

琳琳出生于美国旧金山。与爸爸、妈妈和弟弟幸福地生活在一起。她从小健康、美丽、聪明、努力、乐观、独立、行动力强。她师从各大名师，是专业钢琴独奏演员、职业拉丁舞舞者，且获奖无数。她精通英语、中文和西班牙语。

高中期间，琳琳担任学校5个俱乐部的主席、网球队队长，与职业钢琴家同场竞技。十年级自荐到国家实验室独立研究科研项目。她带领学校科学队，在全美360支参赛队的激烈竞争中脱颖而出，成为年度总冠军。

琳琳申请大学时被许多名校录取，最终进入最具挑战性的MIT，选修计算机专业。

大学期间，琳琳是微软公司在MIT的学生大使。在微软公司、摩根士丹利公司实习。她以MIT模拟联合国主席的身份，与中国知名学校的学生合作。

琳琳提前从MIT毕业，现就职于谷歌公司。

一、快乐宝贝

我听了9个月的交响乐，读了数不清的书籍，上完了所有的产前课，写了满满几大本的笔记，拟好了孩子每个年龄段的计划……做好了一切准备，期待着琳琳宝贝的如期降临。

她每天在量身定制的游戏中快乐地玩耍，在音乐声中醒来，在声情并茂的故事中入睡，琳琳是一个活泼好动、人见人爱的小宝贝。

琳琳2岁时，除了各种玩具书和从图书馆借来的图书，我们也给她买了几套英文版的幼儿百科全书。其中有一套书以漫画的形式描述了日常生活中能碰到的各种负面情绪，书中借卡通人物之口告诉我们什么是生气、伤心、嫉妒、愤怒，以及我们为什么会有这些情绪，我们该怎样处理这些情绪。通过阅读这些书，我们和琳琳讲得通道理了。

为了学习餐桌礼仪，我们用玩具食物和餐具玩下午茶的游戏，看儿童礼仪DVD。平时见到朋友都示范并鼓励她主动上前打招呼和聊天。在小朋友的生日聚会上，琳琳很守规矩，对大家都很友善，带着小朋友们一起吃饭和游戏。妈妈们都让自己的孩子向琳琳学习，她很高兴。在图书馆时，琳琳帮助维持秩序；跟小朋友一起玩时，她也自发地带领大家。

旧金山有很多值得参观的博物馆。我们买了科学馆的家庭会员证，馆内有浓厚的学习氛围，还会定期组织活动。参加这些活动就像给琳琳打开一扇扇窗户，开启了她的各个方面的兴趣。琳琳开始问很多的"为什么"。我们告诉她，书中都有答案，并读一些书给她听，还在她的房间里添置了一个小书架。

有一天，她看完书，对我说，她希望窗外是一片彩虹。我们一起商量，觉得彩虹和五颜六色的花很相像，便去买了各种花的种子，种在前院里。几个月后，各种颜色的花朵都盛开了，如彩虹一般。她每天早上都去看她的花，我们正好让她仔细观察花朵、叶子和露珠的细节，培养她的观察能力。

琳琳想在 4 岁生日那天请自己的小朋友来参加生日聚会，而不是照惯例请我们的朋友大吃一餐。我很赞成，提议和她一起准备她的生日聚会，以便教会她作为主人的礼仪。根据生日聚会主题"蝴蝶"，我们剪了不同颜色的蝴蝶形状的请帖，还烤了一个很大的海绵蛋糕，琳琳在上面涂上了白色的奶油，并用红色的草莓做成蝴蝶的形状。

生日当天的早上，琳琳站在门前迎接每一位客人，并合影留念。我们给每位来宾背上一对蝴蝶翅膀，所有的小朋友坐在铺着蝴蝶图案桌布的小桌旁，开心地吃着装在蝴蝶形状盘子里的食物。下午，小朋友们在后院玩游戏、骑自行车。妈妈们难得清闲，在餐厅里喝下午茶、聊天。生日聚会结束了，琳琳带着小朋友们一边唱清洁歌，一边收拾房间。小朋友们临走时，她跟所有来宾一一握手道别。琳琳很兴奋，参加聚会的小朋友们都很开心，希望以后还能收到琳琳生日聚会的邀请。

二、自己的幼儿园

琳琳 3 岁时，我们考察了很多家幼儿园。有的幼儿园虽然安全，但在对儿童的智力开发和人际交往方面的引导不够，所以总是不太满意。各方面条件都特别

第八章 多才多艺的理工女

好的幼儿园，需要提前几年报名，而且价格昂贵。于是，我就想：为什么我们自己不开一所幼儿园呢？

有了这个想法，我就开始寻找志同道合的伙伴。最后，我们组织了经常在一起参加活动的 10 个家庭，并通过朋友以优惠的价格租到了设备齐全的幼儿园场地。这些家长中有两位职业教师和一位职业律师，他们制定了非常详细的规则，每一位家长都要接受正规的训练，并领到一本《训练手册》，可以随时查阅遇到的各种问题，如怎样回答幼儿的问题，如何回应幼儿说话时的肢体语言，书中还注明了这样做的原因和效果。这对于工程师出身的我，是一本最实用的教材。从那时起，我一直保持着遇到幼儿会蹲下来，看着他们的眼睛，与他们沟通。

我们幼儿园的宗旨是让所有幼儿养成好的习惯，注重团队精神，树立积极的态度；培养他们独立思考和解决问题的能力，以及定力和专注力。

和孩子们在一起的时光是快乐的。我骑自行车带孩子们去幼儿园，他们沿途看到很多花花草草，并挥手跟跑步的人打招呼。

在集体活动的大教室，孩子们一起做游戏、做健康零食、聊天和唱歌跳舞。在活动区，大家席地而坐，围成一个圈，孩子们学会了很多美国的传统儿歌和游戏。在问题区，当孩子们需要帮助或相互之间有问题需要调解的时候，家长们仔细聆听他们的问题后，不会替他们做决定，但会提供分析、选择和引导，询问孩子们的想法。让他们养成独立思考的习惯，提高解决问题的能力。在点心区，有一位家长带着 5 个孩子，用安全的塑料刀切新鲜的水果，做成点心，让孩子们从小就知道什么是健康的食物。

图书室里永远有一位家长在耐心地给孩子们读书，书架上有种类丰富的幼儿读物。在这种环境的熏陶下，两个完全没有学过认字的孩子，4 岁时可以阅读很多幼儿读物，阅读成了他们最大的爱好。

巨大的室外游乐场和骑车场上，到处都有孩子们奔跑的身影。他们浑身大汗、满身泥沙，跟同伴们一起快乐地骑车和奔跑。孩子们从 4 岁开始，就跟着家长们一起组队沿着海湾骑车 2~3 个小时。

孩子们每天都上安全课，并定期请警察叔叔来访。警察给每位小朋友一张名片，告诉他们任何时候需要帮助都可以打名片上的电话。每年都有消防员开着消防车到幼儿园，讲解紧急情况下应如何自救。有一次，4 岁的琳琳看到一位小男孩被桌子卡住，马上叫家长把他救了出来。过马路时，孩子们一定会牵着大人们的手，在绝对安全的情况下才过去。

极具爱心又富有创意的家长们和精力旺盛的孩子们一起去博物馆看星空，去小农场喂火鸡，去邻家的果园摘苹果，去消防局看消防车，一起庆祝各种节日，品尝不同类型的美食，了解不同的文化。作为幼儿园里唯一的中国家庭，我上网找到有关中国春节的资料，给孩子们讲解中国春节的历史、习俗和文化，和孩子们一起剪窗花、发红包、包饺子，让孩子们体验中国春节的氛围。

孩子们在游戏中体会到团队合作的力量，学会与人相处的技巧，彼此成为很好的朋友。无论他们的何种尝试，都能得到大人们的鼓励、赞美和指导。即使他们犯了错误，也能得到家长们的帮助和纠正。孩子们每天玩得精疲力尽，很快乐地吃饭、睡觉和游戏，身体非常健康。

开办自己的幼儿园，不仅让孩子们享受了与众不同的童年时光，还让我深深地体会到寓教于乐的魅力。无论是家长们还是孩子们，都从中国和美国两种不同的文化中汲取精华，身体力行，成为更好的自己。

三、专业钢琴独奏演员

琳琳三岁半那一年，我们应邀参加了一个音乐家的聚会，余兴节目是各家孩子的独奏。等大家都去吃饭时，琳琳爬上琴凳，独自专心地在钢琴上敲了一个多小时。有位音乐家看到这种情境很惊讶，热心地告诉我一定要给她请个好的钢琴启蒙老师。其实琳琳自己也想上钢琴课，但是，我们跟她说要等到 5 岁才可以学钢琴，因为现在年纪太小，手指的硬度还不够。

琳琳 5 岁生日前的一个月，她说："妈咪，我的钢琴在哪里？我的钢琴老师找到了吗？"我赶紧去问我的朋友们，有位朋友不仅将他儿子刚换下的钢琴卖给我，还将她女儿的钢琴老师 Jone 介绍给了我们。

Jone 给琳琳上第一堂钢琴课时，就将 30 分钟的课时变成了 45 分钟。一个月后，他邀请我们去 100 公里以外的他家，并见了他的母亲——一位著名的钢琴家和钢琴大赛的评委。他的母亲向来只教专业学生，但这次她破例给琳琳上了 30 分钟的钢琴课，她非常喜欢琳琳，并认为琳琳很有天赋。她很慈祥地跟琳琳说："如果你愿意，我可以每个星期给你上一堂课。"我知道这种机会很难得，对她表示了诚挚的谢意，并向她说明，孩子还小，不适合长途奔波，于是她嘱咐我一定要给琳琳找最好的钢琴老师。

在旧金山确实有大师级的钢琴老师，但他们通常不收这么小的学生，成为他们的学生也要靠机缘。通过音乐家朋友的介绍，我们找到了旧金山音乐学院的美丽且专业的李老师。第一次见到李老师时，她正在给一个 7 岁的女孩上课。李老师教得非常细致但是很严厉，小姑娘被说哭了。我知道她是我要找的老师，但不知女儿的感觉。第二次我带着琳琳来见李老师，又碰到这个女孩子上课，小姑娘又在哭。课程结束后，我问琳琳的意见，她的回答是："我要跟李老师学琴。"我说："李老师上课时很严厉的，你也看到小姐姐都哭了。"她说："那是李老师和小姐姐之间的问题。"

我们当即决定让琳琳跟李老师学钢琴，第二天就开始上课了，她俩一见如故。此后，琳琳的琴艺开始飞速地进步，她每天高兴地边唱边弹，根本停不下来，我们还要劝说她每天只需要弹一个小时的琴。琳琳非常大方，在任何地方看到钢琴，她都要求表演。半年后，琳琳的钢琴弹奏水平超过了学琴两年的同门师姐，她开始参加各种钢琴比赛，拥有了她人生中第一架全新的三角钢琴。我找到旧金山所有音乐大师的名录，开始带着琳琳定期去听他们的音乐会。

◎ 弹琴的孩子会学习

我们都听说过这样的话：学音乐的孩子不会变坏。对于钢琴弹得好的孩子，他们不但自律能力强、成绩好，而且自学能力强。弹钢琴可以锻炼一个人的脑力、定力和学习能力。

琳琳上钢琴课时，我不和她在同一个房间，但我会用录像机将这堂课全程录下来。下课后，我们一起看录像、做笔记。老师根据她这个年龄段的记忆特点，用生动形象的图形轻松地教会了她五线谱。我则用讲故事的方法，讲解每一首曲子的背景，以及如何表现曲中的情感。通过这样的教学方法，琳琳学完了所有的乐理知识。

在她7岁入围巴赫音乐节时，有一首曲子的线条非常复杂，我用了各种方法都未能让她理解。最后，我想到带她去太平洋边上，让她闭上眼睛，用心聆听连绵不断的海浪拍打礁石的声音和节奏，她才恍然大悟。

琳琳学习钢琴4年后，开始独自写学琴笔记，记录下每一首新曲目的创作背景。在她学琴的过程中，一直沿用这种预习 – 上课 – 复习的方法，养成了好的学习习惯。

通过层层筛选，琳琳 7 岁生日那天，进入了《星岛日报》儿童才艺比赛总决赛，比赛地点是大美洲主题游乐园的中心音乐厅。她落落大方地回答了主持人的问题，完美地演奏了比赛曲目。最后，她以年龄最小的参赛者的身份拿到了奖杯和 400 美元奖金。赛后，我们全家在游乐园玩了一整天。

半年后，在樱花盛开的季节，琳琳有幸入选了巴赫音乐节。

琳琳 11 岁那年参加了一个音乐节，和 Rachel 及她的家人成了好朋友。他们邀请我们参加了旧金山音乐学院的音乐会。指导老师 Sharon 博士是著名的钢琴家和评委，她的学生为了上她的课从世界各地赶来。下午茶时间，琳琳独自到书房弹了一首肖邦的《即兴幻想曲》，极有意境，引起了 Sharon 老师的注意，老师专门过去和她聊天。Rachel 的父亲事先特别强调过，这位老师不收学生，但是回家以后琳琳说她想跟 Sharon 老师学琴。她让我发电子邮件感谢 Sharon 老师的款待，并询问有没有可能给她一个面试的机会，因为六月份 Sharon 老师会有一批学生毕业，最终 Sharon 老师同意了。三个月后，琳琳通过了面试，成为 Sharon 老师的学生。

怀着对李老师感激和不舍的心情，琳琳在李老师的最后一场学生音乐会上，弹完了曲子并送上鲜花和一张大大的谢卡。上面写满了所有从李老师这里学到的曲子。此后，琳琳便进入了学琴的另一个阶段。

琳琳拜旧金山音乐学院教授 Sharon 为师之后，每天练琴两个小时，每个星期都去音乐学院上大师班，每年参加 10 个专业的比赛。琳琳还进入了肖邦音乐节、巴赫音乐节，取得了极具权威性的 MTAC 年龄组的独奏第二名，以及全美公开赛年龄组的冠军。学琴的十几年来，琳琳从来没有缺过一堂课，几乎没有一天不练琴，在各种钢琴比赛中都取得了好成绩。

Sharon 是一位情商极高，美丽又高雅的老师。身为犹太裔的她，不但在琴艺和音乐方面教给琳琳很多东西，而且在为人处事方面也给了琳琳很多的建议。大师的指导和每周一次的旧金山音乐学院的大师班的学习，使琳琳的钢琴弹奏达到了专业水平，琴技飞涨。她弹琴时气息流动、人琴合一，让人如沐春风；她和交响乐团一起演奏的画面，如诗如画。

四、职业拉丁舞

◎ 优雅的芭蕾女孩

舞蹈是女孩子的必修课。琳琳的韵律感很好，动作也非常协调，她从小就喜欢跟着音乐舞动。4 岁那年，我带她去观摩各种舞蹈课。她非常喜欢曾是英国皇家芭蕾舞团独舞演员的 Barbara 的芭蕾课，Barbara 是一位优雅到完全不受年龄影响的美丽女人。琳琳穿上标准的芭蕾舞裙，在老师的带领下说"我是一个美丽的舞者"，从此开始了她的舞蹈生涯。

琳琳每周去上两次集体课，爸爸在她的房间装了一整面墙的镜子，并且手工量身定制了芭蕾杆，她都非常喜欢。她上课很认真地学着各种动作，在家还会自己对着镜子练习，头顶着厚厚的书靠着墙练仪态。因为受到了很好的训练，身材修长、动作轻盈的琳琳经常会被路人问是不是芭蕾舞演员。

琳琳在 Barbara 老师轻言细语的讲课和无比美丽的示范中熏陶着，在《胡桃夹子》舞剧中逐年加重角色的难度。我经常带她去看旧金山芭蕾舞团的经典舞剧，去幼儿园和老人院表演舞蹈，她也为每年热闹非凡的年终大剧快乐地忙碌着。

◎ 组建拉丁舞团

10岁那年，琳琳一周开始上三堂舞蹈课，为上足尖做准备。是时候换舞种了，根据老师的推荐和自己的试课，她选定了拉丁舞。

但是我们家附近没有好的少儿拉丁舞项目。通过朋友我找到全加州最大的国标舞俱乐部Allegro的经理，向她说明了组建少年拉丁舞队的计划。她觉得非常好，并决定赞助一支少儿拉丁舞队，为其提供免费的场地和老师，但是要求有好的舞者。我们找到了8位同龄的州级比赛上的花样滑冰运动员和参加过全国舞蹈比赛的孩子，俱乐部还派出了一位特别了解孩子的全国冠军——HJ，作为舞蹈老师。

◎ 宝贵的私课

面试时，看到这些从3岁就开始习舞，长年参加舞蹈比赛的孩子，琳琳发现自己和别人差距很大。老师认为她有很好的芭蕾基础——身体条件和外形，唯一担心的是她跟不上整个队的进度。琳琳很想加入，问我有没有办法，我说如果她能得到专业的指导并且刻苦训练，就没有问题。她说她不怕累。我花了大量的时间，看了成百上千个拉丁舞的教学视频，终于找到了两套适合她的教材。我们一起讨论、学习、练习基本动作。

当时正值暑期，我们要回中国。我们联系上了省少儿国标队的主任，前全国冠军胡老师。到达的第二天，胡老师就找到一位中国青奥队的队员给琳琳上私教课，并让琳琳随队练习。老师要求非常严格，琳琳也极其认真，因此她进步很快。

记得第一次带她去上大课，当时的场面很震撼。40位身高一致，长相相似，舞裙统一的小美女，在老师的带领下，汗如雨下却动作整齐地重复着优美的舞蹈动作。琳琳加入其中后，迅速进入状态，完全没有违和感。相信她深深地体会到了作为中国国家队教练的外婆经常说的一句话："我们的标准就是世界冠军的标准。"

我们回到美国后，少年拉丁舞队正式组队。通过严格的考试后，琳琳成为八位队员之一。她们每周有一次私课，两次团体舞，一个月进行一次表演，两个月参加一次比赛，历时四年。

尽管时间紧张，她还是会提前半小时出现在私教的舞蹈室，练习基本功，进行准备活动。由于大量的训练，琳琳的脚上经常磨起血泡，只好贴上胶布。我很心疼，她却轻描淡写地说："多跳一下，麻木了也就不觉得疼了。"我会用摄像机把整节课跟拍下来，回家后，剪辑成10分钟的录像。她用慢速反复看，然后在家里的镜子前由慢而快地练习课上所学的动作，力求标准。她还观看名师教学的DVD，反复练习其中每一个动作的细节。下一堂课时，她再带着问题去问老师。

进入高中，琳琳的拉丁舞渐入佳境，并拿到了旧金山公开赛的第一名。由于高中课业繁重，时间有限，在拉丁舞和钢琴中间琳琳只能选一种。于是她在万般不舍中离开了拉丁舞俱乐部。

五、博大精深的中国文化

◎ 家庭中文课

孩子们虽然出生在美国，却拥有纯正的中国血统。在他们的生命里，不可避免地会遇到一些认知的困惑。多一种语言，多一种文化背景，看世界的角度会变得更宏观。在世界上，使用汉语的人数最多，而且中国文化博大精深。

因为孩子们日常讲中文，并学了很多中文儿歌。琳琳5岁时，姐弟俩已经可以非常自信地说着两种语言。我还把《学前300字》做成卡片，孩子们很快就通过拼字游戏记住了这些像图画一样的汉字，然后我用这些字编了一些小故事，并讲给他们听。

琳琳6岁时，收到了从中国寄来的语文书和数学书，还有学习大纲，考试试卷，老师、家长的专用书。有了教材的帮助，辅以讲故事的学习技巧，孩子们在欢笑声中，跟着国内孩子的进度，一路顺畅地把这些书籍读了下来。

一年级主要是学拼音。对这个年龄阶段认识英文的孩子来说，学拼音非常容易，琳琳总共用了五个小时就学会了拼音，其中的两个小时是看DVD《名师教你学拼音》，这是非常好的学习资料，里面帮助记忆的儿歌很有用。其余时间则利用这个年龄摄像般的记忆力增加词汇量，巩固拼音。

从二年级开始，琳琳就完全按教材的进度学习汉语。每天上一个小时的语文课，每学年的暑假即可完成教材的内容。

三年级结束时，琳琳基本掌握了汉语。这时候读书最重要，我们每次回国都带大量的图书回来，包括中文版的《西方童话》和《哈利·波特》，还买了很多动画片的DVD。其中《西游记》尤为经典，俩孩子唱着片中的主题曲，在沙发间非常开心地跳来跳去，遇到不懂的生词和句子就查英文解释。就这样，在没有什么压力的情况下，他们一直学习汉语到中国初中毕业的水平。长大后，他们所读的绝大部分图书捐给了中文学校，并带动大家帮学校建立了图书角，把这些不远万里背来的精挑细选的书和更多的孩子分享。

为了增加学中文的乐趣，我们和孩子们一起庆祝中国的每一个传统节日，并围绕节日开展活动、做美食。春节时，给邻居送去家里做的饺子和装有金币的红包；端午节吃红豆馅儿和烧肉馅儿的粽子，看划龙舟比赛；中秋节一起做各种美味的月饼。美食会让人心情愉悦，这时孩子们就开始问关于节日的各种问题。我们借此机会，带他们学习中国的文化和习俗。

◎ 留学中国

为了让孩子们对中文产生学习兴趣，我们决定带他们去中国上学，顺便还能看望长辈。

如何进入当地最好的寄宿小学，成了一个难题。这些学校从来没有接收过国际学生，校方怕有意外，无法承担后果，婉拒了我们，多亏了我的大学同学帮忙说服校方。于是，孩子们开始了每两年一次、每次一个月的学习。

学校的每个年级只有一个寄宿班，每班 40 人。上午上文化课，下午大部分时间用于参加各种活动。每个孩子的成绩都很好，且全面发展。学校的教学理念和老师的教学方法也非常先进，是应试教育体制下理想教育的一块实验田。

六一儿童节时，二年级学生自己组织了一场表演。由 4 位班干部组织、编排节目。每位学生都开心地上台表演，现场就像一个大 party。

琳琳每天早上六点起床晨练，上午在教室上课，带同学们朗读英语，中午午休，下午参加各种体育和文艺活动。晚自习的时候，琳琳自己去学校的琴房练琴。她的宿舍在教学楼旁，是 10 人一间的空调房，有专门的生活老师照顾，食堂的饭菜健康、可口。这时会讲中文的好处立马就体现出来了，没有语言的隔阂，一群孩子住在一起，很快成了好朋友，热闹非凡。看到同龄孩子的勤奋，琳琳对刻苦学习有了新的认识。

因为两个孩子性格随和，学习努力，待人有礼貌，所以深受老师和同学的喜爱。学校校长决定建立一个中美交流的项目，欢迎他们随时去学校上学，孩子们自此开始了每两年一次的中国留学之旅。

第八章
多才多艺的理工女

◎ 和中国小琴童的交流

初中毕业时,琳琳有幸给重庆音乐学院的何校长做翻译。校长惊讶于她能这么快乐地弹琴,并且弹得还这么好,能在不同的领域里达到很高的水平。便邀请她去重庆举办个人演奏会,并参加当地的琴童访谈节目。音乐会非常成功,吸引了两千多名观众,而且反响热烈。音乐会后的访谈历时两个小时,反响同样热烈。当地的家长大多认为:要想弹好琴,必须苦练。而孩子不懂这样做的意义,也不愿意坚持。要在威逼下才能实施,以后长大了孩子们会明白的。看到可以快乐弹琴的琳琳后,他们对美式教育非常感兴趣,因为其注重孩子的兴趣和热情带来的自我推动力,当然这也是琳琳能够快乐弹琴的源泉。琳琳全程用中文诚恳而得体地回答了所有的问题。特别是她说的"我要快乐地去做我认为必须做的事情",至今还会被当年到场的家长提起。

◎ 在大学做实习生

我原本计划让琳琳十年级暑假回中国参加活动和上学,但是她改变了想法。所有的科学夏令营和实习都已经过了申请的截止日期。琳琳想了很久,一个晚上没睡觉,给伯克利大学相关的教授发了几十封电子邮件表达了申请实习机会的愿望,并附上了她的成绩单和履历。如果得到实习的机会,就可以自己坐公交车去上班。

作为家长,我们深深地感激这些教授给一个素不相识的高中生的鼓励。他们不但回复了琳琳的电子邮件,还极力地鼓励她,保证明年会给她机会,或者将她介绍给其他的教授。琳琳选择了其中 10 位教授,穿着正式地去面试了。最后,琳琳选择了 Normen 教授的实验室,而这个实验室从来没有接收过高中生甚至大学生。因此对于琳琳来说,参加这个实习挑战很大,但是琳琳对他们所做的项目感兴趣，她可以实施自己要做的事情。

◎ 全美海洋科学知识竞赛年度总冠军

琳琳参加的科学俱乐部是一个纯学生社团，由于没有老师的带领，俱乐部出现了青黄不接的现象。琳琳十年级时，十二年级只剩一位很强的选手，十一年级没有选手。那年，学校第一次没有拿到全国比赛的参赛资格。

五月的一天，琳琳说想跟我们好好谈一谈。她说，如果她不竞选成为科学俱乐部的主席，这个俱乐部就没了。但是这就意味着她要放弃专业的钢琴比赛，因为其他参赛者每天需要弹五个小时的琴。我们的意见是：保持好的 GPA 成绩，在钢琴比赛中拿到好名次，成为学术俱乐部和网球队的主力队员。因为即便她领导科学队，就他们现有的水平，进入全国比赛的希望也微乎其微，她做的是无用功。

她坚持自己的想法，其一是出于对科学俱乐部的情怀；其二，就算他们得不到任何名次，这种工作也能让她得到锻炼。她还明确告诉我们：她进入大学以后不会以钢琴为辅修课程，大学可以学的东西太多了，琴练得太少，在专业钢琴手面前就不具备竞争力。我们非常担心，但我们尊重她的决定，同时也很佩服她的决心。跟她讲明了利害关系和得失后，心无旁骛地支持了她的行动。

几乎不上脸书的她，开始在网上和科学俱乐部的成员联络感情，并阐述她能为这个队所做的事情，劝说他们为她的主席竞选投票。其中有些波折，但最后，她如愿成为新的也是学校有史以来第一个由十年级学生担任的科学俱乐部主席。

琳琳投入了大量的热情、时间和精力。每周花费 20 个小时的业余时间在这上面。她要独立负责组织队员备战和参加不同级别、不同主题的科学比赛。其工作涉及申请经费、报名、查找资料、安排住宿等。

为了申请学校的经费，琳琳每年都要在 PTA 会上发表演说，还在学校的聚会上售卖我做的各种食物来筹款。

她将全年的比赛和日期列成表，做好各种事前的准备，并安排接送家长以及给他们订旅馆。

有一次琳琳带队在斯坦福大学比赛时正好遇上超级杯，怎么也找不到旅馆。最后她找到了她在斯坦福大学的朋友，带着全部队员住进了朋友学校的宿舍。事后她坚持送给朋友礼物卡，以表谢意。

赛前，琳琳鼓励大家多做题，总是从队员的角度考虑问题，并且保持俱乐部友好和谐的氛围。她还到初级中学的科学队做辅导，鼓励初中学生参加这项活动，培养生力军。

科学俱乐部没有练习场地，于是我们家就成了根据地。每个周六，一群学生从早到晚在我们家一轮一轮地练习比赛，情绪高昂。而我们家总是准备着丰盛的食物。学生们告诉我，他们会永远记得我家的厨房，那是他们记忆中最温暖的地方之一。

第一次比赛，家长们已经做好了安慰他们的准备。但是没想到他们拿到了第二名。第一名的队是4位十二年级的学生，其中3位是英特尔的决赛者。琳琳他们信心满满地认为第二年的成绩会更好。

在接下来的几次比赛中，他们都做得很好，但是因为加州强队如林，他们没能进入全国比赛，这完全没有打击他们的积极性。

二月份的时候，全队去斯坦福大学参加加州的海洋科学知识比赛，竞争很激烈。加州的科学队非常厉害，第一名的水平就相当于全国的前五名。他们在好的学区，从小学阶段开始就有专门的课外补习，到了高中，俱乐部人数能超过200人，配备有专门的老师授课。

而琳琳学校的科学俱乐部，总人数不超过 20 人。最后成队的是 3 名十二年级、1 名十一年级和 1 名九年级的学生。除了原来的校友 Andrew 义务作为带队教练之外，没有其他任何外援。

一般来说，他们第一轮就会被淘汰，但没想到每一场他们都以非常微弱的优势胜出。

决赛安排在一个剧场里，两个队分别坐在台上的两端，下面是各个队的队员、老师和家长。这种不同寻常的气氛，让对方队员感到紧张。而我们队的学生却非常放松，我想起了他们平时在家里练习时那种超级兴奋的样子。比分一直交替攀升，我们队越战越勇，最后以 2 分的优势，获得加州第一名，进入到全国赛队。

去参加全国比赛前，琳琳跟我说："我们会拿到全国第一名。"我衷心祝福她，但是并没抱太大希望。

后来，她兴奋地打电话告诉我说他们进入了全国前三名。接着，又以 2 分的微弱优势杀入了总决赛。最终，他们从全国 360 支高中参赛队中脱颖而出，拿到了全美第一名。

虽然重在参与，但这个结果还是让我喜极而泣。

◎ 远行

收到了各大名校的录取通知书后，琳琳开始独自一人去参观感兴趣的学校。回来后，她的选择是 MIT。爸爸不遗余力地支持她，但这是我唯一担心的选择。和全世界极有天分而又努力的孩子们一起学习，既幸福又充满挑战。我不忍心让她面对这些"天才"，因为天分不是光靠努力就能拥有的东西。

她的选择很坚定。为了得到我的赞同，她耐心地跟我们分析她喜欢的学习环境和项目。她认为 MIT 的学生聪明、勤奋、友好、单纯，是她的同类。

8月22日,刚满18岁的琳琳与我们相拥告别,拿着行李跟同学们一起去了她梦中的学校——MIT。

大学四年,是人一生中的黄金时期。进入名校,只是一个开始。她的幸福、快乐更为重要。我们给琳琳写下了祝福,表达了我们坚定的支持:

不管你去何方,请你带着阳光般的心情起程,满载着18年的幸福时光。不管迎接你的是什么,谨记家人的支持与钟爱,坦然面对,荣辱不惊!

家庭教育的力量
十位 MIT 学生家长的教育手记

快乐可以成才
——耐心陪伴数学女娃的成长

（加）蔡越越

第九章

京京生于北京，6个月时随父母移民加拿大多伦多，3岁时进入私立的蒙特梭利学校，在天主教学校完成了8年的小学、初中教育，在普通公立学校完成了高中4年的学习。京京在七年级时接触到竞赛数学，这让她发现了自己的兴趣所在，从此参加各级比赛，连连取得佳绩。高中时她两次入选加拿大奥数国家队训练营，成为加拿大数一数二的女选手。

2015年，MIT首次宣布国际生提前录取政策。当年12月份，京京有幸成为加拿大唯一被提前录取的高中生。进入MIT后，她在世界前沿的实验室里做科研项目，从大二开始，担当新生辅导项目助理，帮助教授指导新生。2017-2019年她代表MIT担任HMMT（Harvard-MIT Math Tournament，世界知名的中学生数学竞赛活动）的主要负责人。她努力让HMMT成为世界上更多的中学生参与和享受数学的盛大赛事。除了数学，京京还热爱芭蕾舞和中国舞。在爱和快乐中成长的她，无论走到哪里都带着甜甜的微笑，把阳光与温暖撒向四周。

第九章
快乐可以成才——耐心陪伴数学女娃的成长

一、陪伴与欣赏

1998年春天的一个早晨，在我们的期盼中，京京来到了人间。在我的印象中，初生婴儿都是皱皱巴巴的"小老头"，而京京是那么干净，那么美丽！她是我的天使，我希望她一辈子都幸福快乐！6个月后，我们带着她移民加拿大多伦多，开始了全新的生活。

◎ 积木与拼图

父母是孩子的第一任老师，也是最重要的老师。

有一天，我们去买家具，京京对各种形状的积木很感兴趣，向来活泼好动的她竟然安安静静地摆弄了许久。于是，我们像发现新大陆一样无比兴奋，立刻给她买了一套积木。

此后，我们时常带着京京去选购各种不同的积木，她的积木越来越多。很快，她开始变着花样地"盖房子""建学校""开公园"……建筑规模越来越大。

每次给京京买玩具，我们都让她自己挑选。有一次，她看上了一幅农场木头拼图，共10块。她聚精会神地摆弄着，没多久就拼好了。"哇！这么快！你真棒！快教教妈妈。"我称赞她。于是，天真的她开始一块一块地给我演示……

有时候，我和她一起玩拼图，我故意拼错，京京就认真地帮我一个一个地纠正过来；有时候，她不想玩了，我就说："妈妈想玩，你陪妈妈玩一会儿？"玩着玩着，我又假装忘了怎么拼，京京就耐心地把它们拼回去。就这样，每当京京把一幅拼图玩得很熟练以后，我们就带她去挑选一幅新的。

她喜欢动物，渐渐地，家里就有了猫、狗、牛等图案的拼图，片数也从10片增加到30、50、100片……京京拼得又快又准，我们乐此不疲地看她给我们"表演"。有时候我们和她一起拼，在拼的过程中，不断地鼓励她、夸奖她，她听了以后，就越拼越高兴，越拼越有干劲！

作为父母，我们从发现孩子的兴趣入手，有质量地陪伴。积木和拼图给婴幼儿时期的京京带来了无穷的乐趣，也使京京对图形有了初步的认识，对她日后的学习起到了潜移默化的作用。

◎ 念念不忘的沙箱

随着京京的长大，她的玩具越来越多，很多旧玩具被淘汰了。但是有两个"大家伙"陪伴了她很多年，在她的童年记忆中留下深刻的印象。

其中一个是后院的沙箱。在京京3岁时，我们第一次带她去沙滩玩，她表现出对沙子和水的酷爱。我们就想：如果在家的院子里建一个大沙坑，这样会破坏草坪，而且工程较大。于是，我想到了沙箱。说干就干，我们夫妻俩立刻驱车四处寻找，终于找到了！我们立刻买下了一个红色的大瓢虫沙箱和一些沙子，把浇水的管子一直拉到沙箱旁。此后，京京就常常待在后院玩沙子、玩水，搭出城堡等各种造型。她经常一玩就是好几个小时，那么专注，那么享受，什么"干净""脏"，什么"ａｂｃ""１２３"完全抛于脑后。

这个普普通通的沙箱陪伴了京京许多年，我们唯一做的是每年补充一两次沙子。

简单的沙箱，给孩子的童年带来了无穷的乐趣，京京也在玩耍中培养了专注力、想象力和协调力，这些能力使她受益终身。

◎ 不花钱的好玩具

谁说好玩具就一定要花钱呢？京京的另一个挚爱是一个庞大的纸箱屋。

有一次，我们买了一台电器，京京把那个包装盒推来推去，在里面钻来钻去，这又一次启发了我们。我们夫妻俩找到电器商家，要来两个废弃的大包装盒，对京京说："咱们建个大房子吧！"京京激动地跳了起来："太好了！我要建两层楼的房子！"

于是，我们就把两个大盒子摞起来，搭出两层楼的房子。它比京京还要高，兴奋的京京马上动手设计门、窗、门把手和房子的内外装饰等。

小小的京京无法切开硬纸板，她就指挥爸爸切这里、割那里。很快，纸屋的装修就做好了。京京兴奋地带着她的毛绒玩具小狗和小熊、小被子、小枕头搬进了这个"新屋子"。

有时，她打开门坐进去看书；有时，她站在屋里开窗，向外张望；有时，好朋友来了，她和好朋友在里面叽叽喳喳地说话。天黑了，京京找来一支手电筒，好像给屋子装了一盏小灯……

这个小屋给京京的童年带来了无穷的乐趣。它就是京京的一个小小世界，她常常一个人钻到里面待一会儿，是休息？是深思？还是体味童年呢？

好几次，我看到京京爬进她的小屋，就劝她说："宝贝儿，你长大了，这屋子也太小了吧？"她知道我想清理这个大纸箱，立刻说："不，我要我的屋子！"就这样，它立在京京的房间很多年。直到她小学五年级期末，我们要搬家了，京京依然对这个纸屋恋恋不舍。几乎毫无成本的纸屋给京京的童年带来了无穷的乐趣和难忘的记忆。

京京的婴幼儿时期完全没有学习文化，只有玩耍。当她静静地搭积木、拼拼图、玩沙子时，不知不觉地增长了智力，提高了专注力与耐心。这些比她早早地学习"abc""123"更重要。

陪伴是最长情的告白，而高质量的陪伴才能让孩子真正受益。带着微笑，陪伴、欣赏孩子，细心地发现孩子的兴趣爱好，鼓励孩子去做他们最感兴趣的事情。

二、陪伴与呵护

京京是一个充满好奇心的孩子，喜欢尝试新东西。3岁开始的蒙特梭利教育非常适合她。蒙特梭利教育是以培养独立、自主、懂得关怀别人，有学习能力的孩子为目标的教育方法。这极大地激发了京京的学习兴趣，满足了她的求知欲。

◎ 去还是不去？

京京快3岁了，经过一番考察，我们决定把她送去一所我上班要经过的蒙氏学校。

第一天，京京一进教室，就被各种教学玩具吸引，很快就进入了角色。老师觉得她表现不错，就让我离开了。

没想到，下午我接到了学校的电话。可怜的京京在陌生的环境里，不会讲英语，也不敢说话，尿湿了两条裤子，没有干净的裤子可以替换了。我赶紧请假向学校飞驰而去。京京一见到我，立刻飞奔过来，眼里含着小泪珠，无比委屈。我赶忙抱紧京京，安慰她："没事儿，宝贝儿！你已经很棒了！这不是你的错，你也不想这样的。你看，你不会说英语，听不懂别人说话，也已经在这里度过了大半天。再说，你是不是还学到了很多东西呀？妈妈觉得你好棒！妈妈为你自豪！"

第二天早上，到上学的时间了。去还是不去呢？京京很纠结。她很喜欢在学校学习新东西，但又怕尿裤子。因为在家的时候，只要裤子被尿湿了，我就立刻给她换洗，她不会感觉不舒服。可是，在学校即便换了裤子，还是感觉不舒服。

于是我向她保证:"今天你不会不舒服的。如果裤子湿了,妈妈会立刻过去接你回家的。""好吧。"京京点点头。

到了学校,我叮嘱老师:"因为京京英语不好,又比较害羞,不肯主动找老师,所以只要有小朋友上厕所,就带上她,以防万一。如果她尿湿裤子,就给她换好衣服,同时通知我,我会立刻来接她回家。"这样,京京感觉安心多了。

妈妈的支持是京京的定心丸,心情放松后,她再没有出问题,很快就适应并且爱上了这所学校。

◎ 天天有进步

在蒙氏学校,老师每天都会根据每个孩子的特点,向他们展示一些新东西,保持他们的新鲜感,这极大地满足了京京的好奇心。

每天,在接孩子回家的路上,我都会问:"宝贝儿,今天学到什么有意思的东西了?给妈妈讲讲。"京京讲到一些重点内容,比如某个概念时,我希望她能加深理解,就会说:"这个妈妈没听明白,你能不能再跟妈妈说一遍?"这样,在不知不觉中,就让她复习了这些内容。

有时候,京京带回家的作业写得乱七八糟,数字"5"不是写成反的,就是写成字母"s",而且越到后面越乱。我问她:"怎么这么乱呀?"她说:"因为要写那么多遍,太烦了。""好吧,那你给妈妈写三个漂亮的'5',就写三个,但要写对。让妈妈看看你能写得多漂亮!"于是,京京认真地写了三个"5",我们还为哪个"5"写得最好看而争论起来,各说各的理由。这样一来,京京自然而然地就记住了这个数字的写法。

◎ 宝宝教妈妈

孩子的成长过程真的很快,转瞬即逝。京京很快就开始阅读简单的图画故事书了。

京京经常会从学校带图画故事书回来，嚷嚷着："妈妈给读！"这时候我会说："好呀，宝贝儿，咱们一起读吧！"于是我们母女席地而坐，我搂着她，翻开书，看看这本书的难易程度。

如果内容很简单，我会建议："宝宝读给妈妈听，不会的妈妈教，好不好？"京京就指着书，一个字一个字地念起来，虽然读得磕磕绊绊，中间还需要我纠正或教她读，但总算念下来了。我立刻鼓励她说："念得真棒！妈妈好喜欢这个故事，宝贝儿再给妈妈念一遍，好吗？"于是，她兴奋地又念了一遍。

如果内容比较难，我会先念给她听。我知道哪些词是她已经学会的，哪些是应该巩固的，我会念着念着突然停下来说："这个字念什么来着？"或者说："这个字的读音妈妈忘记了，宝宝教教妈妈，好吗？"她就高兴地念给我听，有时还要纠正我的读音，而我也很认真地听从她的"教导"，直到她满意为止。

使用这些方法，能让孩子自觉地参与到读书中来，我始终不断地启发她，调动她的主动性、积极性。久而久之，她读的书越来越多，阅读兴致也越来越高，很快她就可以完全独立地阅读了。

在孩子的成长过程中，父亲的作用不可小觑。京京小的时候，她爸爸常常陪她读书，陪她玩耍。京京的爸爸是理工科硕士，他会精心地挑选科普读物，为女儿朗读，在京京心里埋下了探求新知识的种子。

我们夫妻俩经常就孩子的教育问题进行沟通。我们一直坚持轻松、快乐的教育原则。在京京小的时候，我们就陪伴她在玩中学，而不是让她按照书本一遍遍地抄写和做题。

我们通过陪她玩扑克牌接龙游戏，在游戏中自然而然地掌握了数字和计算等知识。

在家里我们只查看她在学校的学习情况，补充不足，不教她新知识，这样她在学校能保持学习新知识的兴趣。

三、天主教学校长大——陪伴与引导

京京从小学到初中的 8 年时间是在天主教学校度过的。学校老师们对她的关心、爱护，以及友好、温馨的环境使京京成长为一个善良、温暖的人。

◎ 我不喜欢上学！

到了上小学的年纪，京京就近上了家门口的天主教小学。天主教学校的老师非常和蔼。可是，开学没几天，京京就跟我说她不喜欢上学。

这是为什么呢？我蹲下来，看着京京，慢慢地了解原因。

"因为有两个小姐姐欺负我。"京京很委屈地说。

"跟妈妈说说，看看妈妈能不能帮你。"

原来，二年级的小姐姐跟她一起玩"警察抓坏人"的游戏，抓到"坏人"后，把她的两只胳膊拧起来，押着她走。她们每次都让京京当"坏人"，因为京京个子小，跑得慢，很快就被抓住了。玩了几次后，京京想换角色，她不想每次都当坏人受罚。可那两个小姐姐就是不同意。京京觉得不公平，不想玩了，但她们不同意，继续追她、抓她，京京躲也躲不开。

听了京京的陈述，我对她说："这件事你自己解决不了，应该跟老师说，但是不能因为这个就不想上学。"

京京说："我不想跟老师说别人的坏话，而且她们会恨我的。"

"你不想让她们不高兴，妈妈理解你，你是一个善良的孩子。可是这次她们欺负你，你躲开了，但还会有下次，她们还可能会欺负别人，你说她们这样做对吗？你想看到别的小朋友也受欺负吗？"京京听了我的这番话，不再说话了。

"是呀，所以我们要告诉老师，让老师教育她们。她们这种行为叫作'欺凌'，绝对要制止的！"

"那好吧。"京京勉强答应了。

第二天，我陪京京来到学校，鼓励京京跟老师说出实情，并表明她内心的感受。京京说着说着，就伤心地哭了⋯⋯

老师听了京京的陈述以后，非常重视此事，并紧紧地拥抱了她，表示会找那两个孩子谈话，阻止这件事的再次发生。老师还跟我说她会跟进这件事，并将处理结果告知我。得到老师的安慰以后，京京的心情好多了，不再愁眉苦脸。

我抓住机会教育京京："遇到问题要学会勇敢面对，想办法解决，不能逃避，躲得了这次，躲不了下次。遇到解决不了的问题要告诉老师或者妈妈，我们会帮助你的！"

"谢谢妈妈！我爱你，妈妈！"京京紧紧地搂住了我。

孩子们所处的环境，面对的世界，会越来越复杂，他们不仅需要呵护，更需要引导，家长要鼓励他们学会面对现实、解决问题、战胜困难。

◎ 钢琴与中文

和很多中国家庭一样，我们每周六会送孩子去参加各种兴趣班，京京学的是中文、钢琴和舞蹈。

对京京来说，学舞蹈是件快乐的事情，只需和老师、同学一起蹦蹦跳跳，一小时后就回家了，没有作业，也不用练习。可是中文和钢琴的学习，对京京来说太痛苦了。原本是可以休息、玩耍的周六，却要安安静静地坐在教室里上课，这对于生性好动的京京而言真是件烦心事。

写汉字、弹钢琴与学数学完全不一样，不是"会不会"的问题，而是"好不好"的问题，没有"最好"，只有"更好"。加之京京在语言和音乐方面没有什么天分，所以非常抗拒学中文与弹钢琴。不论我们如何好言相劝，京京出门上课前总是哭哭啼啼："我讨厌这个！我讨厌这个！"

从小到大，第一次见她这么痛苦，以前我们从没要求她学过任何她讨厌的东西。我努力平复京京的情绪，蹲下来和她耐心地说："你要知道，宝贝儿，人生不总是你不想干就可以不干，妈妈希望你对事情有责任心，有些技能现在你不需要，将来会用得上。虽然妈妈不想看到你那么痛苦，但是，只要你能参与学习，就会静下心来，希望你能接受挑战，学一些你不擅长的东西。"

"可是，好难呀！我学不好呀！"

"你不需要达到很高的标准，掌握基本的技能就可以了。"

说完这些话，京京还是哭哭啼啼。

"好吧，既然你两个都不喜欢，那就挑一个学吧，总不能啥都不学呀！"

我们对她的希望是：可以简单地阅读中文，达到小学二三年级的水平，或者完成钢琴八级。经过一番思考，京京选择学钢琴。学钢琴，成为京京唯一排斥但我们要求她学习的东西。没想到，今天的她很庆幸自己学了钢琴，也感谢我们当年的坚持，使她多掌握一项技能。虽然学习钢琴的过程不是很愉快，但因为是她自己的选择和承诺，她便咬牙坚持，最终拿到了钢琴八级证书。

我们很清楚，在未来的道路上，京京不会成为一名钢琴家，但是，钢琴为她打开了音乐世界的大门，也让她认识到：不论你对所学的技能是否擅长，只要勇于挑战自己，就可以突破极限！

四、数学竞赛成就她

小时候的京京认为数学很无趣，拒绝做练习题。但是，自从参加数学竞赛后，她发现了自己对解答数学题的热爱，她非常投入、非常享受解答竞赛数学题的过程，也自然地取得了很好的成绩。

◎ **爱上竞赛数学**

七年级时，京京在学校接触了数学竞赛，她发现自己非常喜欢这些题目，一改她往日"数学很枯燥"的观点。

每解出一道数学题，京京都会很满足，时常惊叹："Math is beautiful！"

她主动提出要做更多的竞赛题。在京京的要求下，我们为她物色了一所数学学校，从此便开始了她的数学竞赛之路。因为热爱，京京上课特别认真，进步也很快。在七年级的尾声，她参加了加拿大七年级组的两次数学竞赛，都取得了满分的成绩！这极大地鼓舞了京京去参加更多数学竞赛的勇气与信心。

在加拿大，基本上没有老师帮助家长去发现孩子的特长与潜能，更别说去引导了，这需要我们家长自己去摸索与开发。例如，京京在七年级进入数学学校后，我们才知道加拿大的孩子也可以考全美数学竞赛（AMC），而它的起步层级是 AMC 8，面向七八年级的孩子，在那个学年的第一学期就考。京京当时刚开始学七年级数学，AMC 8 对她来说有很大的难度，而且准备时间不足，如果报名参加，考出来的成绩肯定不理想，这对雄心勃勃地正准备走上数学竞赛之路的京京会是一个不小的打击。

经过权衡，我们建议她放弃那一年的比赛，希望她能在下一年考出好成绩，以保持持续努力的充足动力。经过一年的准备与努力，京京在八年级时参加了 AMC 8，一举取得了优异成绩。这增加了她的信心，使她在数学竞赛的道路上越走越踏实！

◎ 京京的"孩子"

因为在数学竞赛上取得了好成绩，九年级的假期，京京很荣幸地被邀请参加加拿大数学会举办的全国数学夏令营和地区数学夏令营。在夏令营里，京京遇到了一群和她一样热爱数学的朋友，他们一起探讨数学题目的解法，享受学习数学的乐趣。

开学后，京京计划在学校办一个数学社团，因为她所就读的高中竟然没有一个数学社团。

在学校申请成立社团的程序十分烦琐，需要请一名老师作为管理者，还要写申请报告，同时要公开演讲去说服学生会及主管老师，并获得他们的批准。京京平时很不喜欢、也不擅长这些行政事务，但是为了她热爱的数学，硬着头皮一项一项地做下来了。数学社团终于成立了！

社团没有教员，京京就自己当教员。为了增加学习的趣味性，吸引更多的同学加入社团，她还经常举办一些活动。比如，她会邀请大学教授来校为数学社团作讲座。教授来到学校时，惊讶于京京这么年轻就当老师。当她告诉教授她只是一名十一年级的学生时，教授更为震惊，说京京是至今唯一一名以学生身份请他作讲座的人！

京京花了大量的时间和精力组织这些活动，收获了无数的好评。社团也从最初的几个人发展到几十人，成为学校最大的学生社团之一。京京热爱她的数学社团，社团就如同她的孩子，她精心地培育它，同时也提升了自己。

◎ 数学将她带到了 MIT

九年级下学期，京京参加了 AMC 10 竞赛，获得了优异奖。幸运的她收到了来自"Math Prize for Girls"的邀请信，邀请她报名参加 10 月份在 MIT 举办的这项比赛。"Math Price for Girls"，听起来很有意思，它邀请在 AMC10 和 AMC12 竞赛中取得前 300 名的女孩到 MIT 参加比赛，比赛中前 40 名的优胜者可以进入下一轮美国女子奥林匹克数学竞赛。

京京整天跟一群小男孩在一起学数学，这个专为女孩举办的活动对她来说很新鲜，她激动地说："我要去！我要去！"作为父母，我们义无反顾地对京京给予支持，我们驱车 9 个多小时，从多伦多来到波士顿，参加了这个活动。

京京第一次参赛，在将近 300 名参赛女孩中，她排在 150 名左右。但是她喜欢这个比赛，喜欢 MIT，喜欢这里的一切。她兴奋极了，她知道自己属于 MIT，属于数学，她说她明年一定还要来，还要站到领奖台上！

于是，第二年她又来了。果然，她站到了领奖台上！第三年，她已经跻身前 10 名！

◎ 数学竞赛的小老师

看到京京在数学方面不断进步，我们都为她感到高兴。但新的问题又产生了，数学学校已经没有和京京的数学水平相适应的课程了，而她此时的求知欲变得越发强烈。我们便通过多种渠道，在整个多伦多地区打听优秀的数学老师和更高水平的数学学校。后来，我们发现可以在网上学数学。

从此，京京开始在网上学习。虽然在数学学校里，京京已经没有合适的课程可以上，但这四年来，她对学校有着颇深的感情，常常有很多学弟、学妹围着她问各种数学问题。就这样，京京主动在数学学校做义工、做助教、作讲演，从最初的生疏、紧张，到后来的大方、自信。

作为一个竞赛出身的小老师，京京以自己独特的方式，给年幼的学弟、学妹们讲课。学弟、学妹们喜欢她的热情，他们纷纷表示，从小老师这里学到了不一样的数学。京京很高兴自己所学的知识可以帮助那么多人，于是更加乐此不疲地传播着她热爱的数学……

数学，这个在很多人眼里枯燥乏味的学科，在京京眼里却是美丽而有趣的，这就像"情人眼里出西施"。数学竞赛极大地改变了她的性格，甚至她的生活，开阔了她的视野，让她走出加拿大，走进 MIT。

五、舞蹈和体操

舞蹈一路伴随京京长大。为了让京京多运动，增强体质，京京 4 岁时我们送她去学芭蕾，她虽然不是很喜欢，但没有拒绝。6 岁时，京京离开蒙氏学校，对花样繁多的中国舞产生了兴趣，开始了每周一次的中国舞学习。

◎ 当不当主角无所谓

通过几年的坚持学习，京京的中国舞跳得有点模样了。期间不断地有新生来，有老生离开，这对京京没有丝毫的影响，她渐渐成为一名老队员，成为队里的小主力。

每年加拿大多伦多地区的华人春节晚会或者各种文化艺术活动中，都活跃着京京的身影，她很享受舞蹈带给她和观众的快乐。

有一次，老师排练新节目，安排京京领舞。这时，一位小姑娘跟老师说："我也想领舞。"看到老师的为难，善良的京京说："我们可以一起吗？"老师对那位小姑娘说："这个舞老师都编好了，就设计了一位领舞。下次吧，老师会给你安排一个。"小姑娘听了，很不高兴。京京见到此情景，主动向老师提出："她跳得挺好的，让她领舞吧。"老师瞪大眼睛，看着京京："你确定吗？"京京坚定地说："是的！我不想她不高兴。"

事后，老师给我讲了这件事。我问京京："她高兴了，你高兴吗？"京京坦诚地说："我OK。我喜欢当主角，但我跳舞不是为了当主角。如果我每次来跳舞，看到她不高兴，我会非常难过的。"这就是京京，善良的京京！

做一个善良的人，是一个人最基本的道德素质，这是我们在教育中，对自己、对孩子最起码的要求。

◎ 重拾芭蕾舞

京京渐渐长大了，对许多事物开始有了自己的看法。在外出演出的过程中，对比其他学校的孩子，京京发现自己的舞蹈基本功不扎实，就决定重拾芭蕾舞课。

由于多年没跳芭蕾舞，在舞蹈上一向出类拔萃的京京遇到了困难：在同龄同学中，她的芭蕾舞水平算差的，而与她芭蕾舞水平相当的同学都比她小很多。总之，无论她在哪个级别的芭蕾舞班里，都有点儿别扭。最后，京京还是选择了与同龄的同学一起上芭蕾舞课。她非常用心地学，十分用功地练，但是与其他同学的水平还是存在很大差距。不仅如此，班里的许多同学不仅舞跳得很好，还会编舞。她们对舞蹈的热爱深深地感染了京京，也让她看到了自己的差距。

重拾芭蕾舞，京京第一次深刻地体会到每个人有不同的特长，第一次真正理解为什么有些人很认真地学数学，却总是学不好，就像她的舞蹈水平，可能永远都不如某些人。

正是因为有了学芭蕾舞的感受，京京回到学校的数学小组时，更加耐心地帮助其他人。

◎ 学体操遇尴尬

八年级时，京京想学体操。我们和她一起去体操馆实地考察了几次，但总觉得这个项目不够安全。折中考虑，我们选择了艺术体操。

京京再一次遇到了年龄与水平之间的尴尬。这些学体操的孩子们水平非常高，他们虽然年纪小，但队龄长，很多人从四五岁就开始练习，他们能热情饱满地练三个小时不停歇，非常投入。练完后，主动收拾器械，清理场地。艺术体操馆里，每个孩子既有个人项目，也有集体项目。有教练认真地教，也有老队员带新队员。他们热情地欢迎京京的加入，很多比京京小的老队员都会耐心地纠正京京的动作，为她的点滴进步鼓掌呐喊。

京京多年的芭蕾舞基础让她在这个温暖互助的集体里进步得很快。京京说："妈妈，我真心喜欢体育！当我们有集体项目时，每个人都一样重要，我们是一个团队。"作为成年人，我很少考虑这些问题，但京京在这一次次的练习中都会有所感悟，真让人欣慰。

京京的舞蹈与艺术体操的水平不是很高，她参加这些活动所领悟的人生道理却弥足珍贵，这些感受远不是教科书或者父母的教诲能给予的。

六、顺其自然地选择高中之利弊

高中，是学习生涯中十分关键的四年。应该怎样选择一所高中呢？

与美国的高中相似，加拿大的高中除了有公校、私校之分，还有一些特殊的课程项目。例如，重视文理的国际预科课程证书课程（International Baccalaureate

Diploma Programme，简称 IB），还有偏重科学的课程（Talented Offerings of Programs in the Sciences，简称 TOPS）。

这些课程项目具有很大的挑战性，只有通过勤奋与不断的努力，才能取得好成绩。要想修读这些课程，有的需要考试，有的需要老师推荐，有的是考试加老师推荐。在每一个地区，通常只有一两所学校有这些课程，而在我们这个小地方，公共交通不发达，高中没有校车，所以即便被录取了，也面临着如何上学的问题。

如果孩子学习这些课程，要么由家长接送上下学，要么举家搬迁到学校附近居住，这势必牵一发而动全身。作为父母，我们不愿意为了孩子不确定的未来，而费如此周折。

再三权衡后，我们建议京京选择家门口的公立高中就读。这所高中排名尚可，有资优生（Gifted）项目，以及美国大学预修课程（Advanced Placement，简称 AP）。

京京是个随遇而安的孩子，她喜欢拥有大量的可以自由支配的时间。这是上 IB 或 TOPS 都做不到的，相对来说，Gifted 和 AP 更加灵活、方便，而且不需要入学考试，所以她选择了后者。

由于没有挑选高中，对京京来说，这所高中的课程不具有挑战性，四年的高中生活她确实过得简单、快乐，但也有得有失。

我们先来聊聊"失"。京京的强项是数理，这所高中的数理水平相对较弱。学校连数学社团都没有，这让她感到非常失望。京京的数学成绩在全年级甚至全校遥遥领先，四年间为学校创造了许多个史上第一名。但是，京京在学校里没几个志趣相投的朋友，更不用说能一起学习、互相促进的小伙伴。

再来说说"得"。学校没有数学社团，恰恰给了京京创办社团、提高能力的机会。她的身边因此聚集了不少崇拜她、奉她为"女神"的粉丝。京京也乐意帮助同学，这也算是一种"得"吧。

现在想来，我们对京京所就读的高中的选择的确有些随意。如果可以重来，京京应该去考 TOPS，它是为在数学、科学、科技等领域表现卓越的高中生所准备的课程，能提升领导能力、独立思考能力和分析能力。

可惜由于我们的随意，京京的成长路上有一些遗憾。在孩子成长的道路上，一旦错过机会，将无法弥补。幸好在京京申请大学时，我们做出了正确的选择。

七、提前申请，提前被录取

京京申请 MIT 是偶然，也是必然。

京京是随性的人，是典型的在加拿大长大的孩子。老师们整天挂在嘴边的是"别着急，慢慢来。"在这种氛围下，京京成长为一个无忧无虑、与世无争的孩子。

◎ 去美国念大学

在高中阶段，当京京在数学上不断地超越自我时，我看到了京京身上的潜力，她的人生应该有更广阔的舞台！

有一天，我对京京说："宝贝儿，或许你将来应该去美国念大学。"京京强烈地抗议："不，我不去！我爱加拿大！我爱你们！为什么你要让我离开？"

我说出心中所想："孩子，我们也爱你！但是，你一天天长大，终将去闯荡，你应该去一个更适合你的地方，能学到更多东西，将来也能为社会做出更多贡献！"京京嘟囔着说："反正我不走，你也别想让我走。"

这一切，在京京读到十年级时就改变了。当她来到 MIT 第一次参加女子数学竞赛时，她立刻喜欢上了这里：各式的建筑物，有趣的实验室，最前沿的讲座，可亲的教授们……她喜欢 MIT，喜欢这里的一切，她多么盼望着有一天能在这里学习！

但是，当时的她觉得 MIT 那么高不可攀，作为一名国际生，她必须要足够优秀。

◎ 全面开始"爬藤"规划

当考取 MIT 成为京京的前进动力后，我们立刻开始了对京京的"全面规划"。

十年级已经过去了一个月，时间紧、任务重，但我们知道京京有潜力，她只需要坚定自己的信念，然后付诸行动，就一定能实现自己的目标。

这个"全面规划"就是把京京的目标细化，改变京京之前"随意、自然"的状态，具体落实到每一个小指标的完成上。我们希望京京能在现有的基础上，保持成绩，各个方面都力争进步。我们对京京做的全面规划是这样的：

十年级

学业：保持平均分数不低于 95 分；调整第二学期课程，上十一年级的 Pre-AP 课程，为十一年级上 AP 课程做准备；

数学竞赛：美国 AMC10，取得杰出优胜奖，AIME 达到 7 题，力争取得美国奥林匹克数学竞赛和加拿大奥林匹克数学竞赛的参赛资格；

学校社团：学习互助组的骨干成员；

数学社团主席：活动多样化，让数学有趣，吸引更多同学参加；

课外活动：艺术体操，芭蕾，中国舞；

夏令营：加拿大 Shad Valley 夏令营，加拿大全国数学夏令营。

十一年级

学业：保持平均分数不低于 95 分，坚持学习 4 年法语，备考 AP 数学、AP 英语和 AP 化学，同时学习 SAT 数学和 SAT 化学；

数学竞赛：美国 AMC12，取得杰出优胜奖，AIME 达到 10 题，力争取得美国奥林匹克数学竞赛和加拿大奥林匹克数学竞赛的参赛资格；

学校社团：学习互助组骨干成员；

数学社团主席：活动多样化，让数学有趣，吸引更多同学参加；

课外活动：通过芭蕾舞中级考试，继续练习中国舞；

夏令营：加拿大全国数学夏令营义工，多伦多地区数学夏令营讲员，加拿大国家公园野营夏令营。

十二年级

……

好的规划，能让目标更具体、更明确。京京深刻地认识到，出现在这个规划上的所有内容，都是我们要努力达到的。所以，这个规划使京京在十一年级完成了三个 AP 课程。

在这个过程中，京京学会了坚持，学会了挑战自己。

学语言不是京京最擅长的，也不是她的兴趣所在，如果不是因为爬藤，不是因为这个规划，京京很可能在十一、十二年级不再学习法语。为了做一个全面发展的优秀学生，她在不想学习法语的情况下也学习了，而且成绩很好，再一次证明了自己的能力。

京京十一年级时，学习和活动非常繁忙，很多次她都不想去上舞蹈课，因为很难抽出时间。想到要努力平衡自己，要通过芭蕾舞中级考试，她一直努力坚持，很少缺课。这个奋斗的过程，也是她提高时间管理能力的过程。

有了 MIT 这个高高的标杆在那里，京京的学习自觉性大大增强了，她的竞赛成绩也上升到了一个新高度。她第一次打破了自己对什么都无所谓的态度，认真对待学校的功课，认真对待每次竞赛，再也不像过去那样，有好成绩就是惊喜，没好成绩也觉得正常。京京成了一个做事认真、对自己有要求的人。同时，她在其他方面对自己提出了更高的要求，积极主动地培养自己、锻炼自己。

◎ 艰苦的野营夏令营

爬藤规划中，国家公园里一周的野营是京京人生中难忘的经历！

十一年级的夏天，为了丰富京京的阅历，让她经受一些苦难和训练，我狠下心来给京京订了一个长达一周的独木舟和负重野营夏令营，这正是京京缺少的一种经历。

说实话，若不是为了在她爬藤的履历中描上一笔，我真舍不得。

京京回忆说，在营地集合后，所有的通信工具都要上交，统一留在大本营。在 7 天 80 多公里的独木舟野营中，5 名队员在一名领队的指引下，带上一周的野外生活必需品，包括简单的个人衣物、睡袋、全队一周的食物、帐篷、野炊工具和 3 个独木舟。就这样，大家与领队一起出发了，或泛舟，或负重前行。

这 7 天里，有天气晴好时的顺流而下，但更多的是烈日暴晒和无数蚊蝇的包围，是风雨交加时的逆流而上，是风雨中扛着 80 磅的独木舟在泥泞中穿行一两公里的咬牙坚持。京京回来说，有时觉得好像到了世界末日，永无尽头；有时分不清雨水和泪水，不知道自己还能支撑几分钟。到了晚上，已经精疲力尽了，但还得安营扎寨、生火做饭……

不过，经历了这一切后，京京说："好像世界上没有什么难事了。"她学会了在野外生火、做饭，学会了找营地、搭帐篷，学会了忍受蚊子从头到脚的侵袭。没有通信工具的一周，她思念妈妈，想念家庭，无数次在黑夜里流着眼泪睡过去，但第二天醒来依然继续前行！她说感谢领队，感谢队友，教她学习了许多野外生存技能，让她无限地挑战了自己！这是她成长史上少有的不快乐的几天，但是京京觉得很有意义。

◎ 规划的得与失

为京京制订的爬藤规划是京京行动的指南，对京京成功进入 MIT 起到了具体的指导作用。但是，这个规划也给我们带来了一些困扰。十年级结束后的那个珍贵的夏天，我们纠结于到底该给京京安排一个什么样的夏令营。

针对这件事情，我和京京是有一些分歧的。

京京更想去参加美国一些高大上的数学夏令营，因为她热爱数学，但我们觉得京京性格偏内向，更应该提高领导力，弥补不足，不能整天在数学的世界里。所以，我建议京京去参加加拿大的 Shad Valley 夏令营。

但是，京京不太喜欢这个 Shad Valley 夏令营，因为营里多数的孩子都是非常外向的十一、十二年级的孩子，京京在其中的确学习了一些领导力，但没有太多的锻炼机会。夏令营结束后，京京与其他营员的交流很少。

无论是美国的数学夏令营，还是加拿大的 Shad Valley 夏令营，都是很好的夏令营，但是选择是否正确，最重要的还是看孩子的实际收获。

现在回头看，数学夏令营应该更适合京京，因为那是她所擅长的，她会更加享受，会遇到很多志趣相投的朋友。

后来，在 MIT 就读后，京京发现许多同学已经彼此认识，关系紧密，就是因为她们在数学夏令营的 4~5 周的时间里，由于共同的兴趣，建立了深厚的友谊，

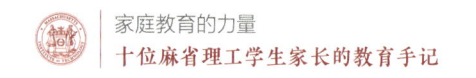

一直延续至今。这使京京更加遗憾当年的选择了。

在孩子成长的过程中，有时选择真的很重要，适合孩子志趣的往往就是最正确的。

◎ 选择最适合自己的 MIT

自从树立了爬藤目标，京京的每一天都过得忙碌而充实，但我们深知，进入 MIT 真的很难，特别是对国际生而言。MIT 要求只用他们自己的申请表，这也意味着京京要额外地研究这些内容。

京京开始有些胆怯，我完全可以理解。我安慰她："如果这是最适合你的地方，就不要去考虑它招收几个人，你可能不是最优秀的，但或许是最合适的，MIT 也在寻找最适合它的人，如果你是最适合的，那么哪怕只招一个人，那个人也会是你！"

于是，京京下定决心，提前申请 MIT。准备工作非常顺利，她对 MIT 有感情，写起来得心应手。我们的内心隐隐地感觉到，申请 MIT 是个正确的选择。

果然，京京被 MIT 提前录取了！是的，无论难易，作为父母都要鼓励孩子选择她最适合的、最心仪的学校！

八、走进 MIT

高中的后三年，京京对 MIT 越来越熟悉，但真正进入学校之后，她亲身感受到许多不曾感受到的 MIT 的强大，京京被震惊到了！MIT 的数学、工程、商学等专业领域都很强，这让原本认定自己学数学的京京突然改变了主意。她认为，MIT 有很多专业都很强，很有意思，她要开拓自己的新方向。

第九章
快乐可以成才——耐心陪伴数学女娃的成长

在 MIT，第一年不设定专业，鼓励学生尽可能涉猎多个方向。如果学生没有 AP 成绩，但非常有能力，可以直接通过测试，予以免修一些课程。如果学生明确知道自己想要学什么专业，就可以马上选择进入专业学习。有的一年级学生刚修完第一学期的课程，就拿到了很好的实习机会。所以，每名学生都能在 MIT 找到最适合自己的课程，最大程度地释放自己的潜力。

在 MIT，诺贝尔奖获得者在给一年级学生上基础课；在 MIT，许多大教授甚至学校的前任校长担任新生辅导员；在 MIT，一年级的新生在世界领先的实验室与知名教授一起做科研……这些都是京京和她的同学们每天的经历。京京常说："MIT 是一个令她日日兴奋的地方。"

MIT 给学生提供了舒适多样的生活环境。每栋宿舍楼都有不同的文化，学生们可以根据自己的喜好，做出不同的选择。此外，MIT 还为学生解除生活上的一切后顾之忧，只要你愿意，大学 4 年都可以住在学校的宿舍楼里，不像其他学校，只能保证学生第一年的住宿。

当然，学生们最享受的还是丰富的校园活动。各大学术社团、文体俱乐部，一应俱全。

MIT 有 10 多个合唱队，5 个以上的乐队，还有多个舞蹈队、戏剧社等。京京参加了两个舞蹈队，他们自编自演，服装道具、灯光音响，演出前的宣传广告，演出后的庆祝活动，无一不是他们亲力亲为。在一年级的第一学期末，圣诞节前，京京参加了八场演出，她说所有的门票都销售一空，每场演出都取得了巨大的成功。

MIT 还有更多的社团等着学生们去开发，去参与，比如扑克俱乐部、机器人小组等，只要你有时间、有兴趣，MIT 有无数吸引你的事情等待着你，召唤着你。

MIT 提供的取之不尽、用之不竭的资源在支持你，同时也期待着你去探索，去开拓新的未知……

京京在快乐中成才。她积极地投入到学习和研究中，为了感恩哈佛—麻省理工学院数学竞赛（HMMT, Harvard-MIT Mathematics Tournament），世界著名的中学生数学竞赛活动，感恩在她向 MIT 迈进的路上，这个活动带给她的无穷快乐，她从当义工开始，一路承担重任，并成为活动的主要负责人，她希望能让更多的孩子感受数学的魅力与激情，她希望以一己之力，回报团队，回报 MIT，回报社会……

我仰望苍穹，双手合十，默默地祝福她，终有一天，她会成为更精彩的自己。

在此附上京京的 MIT 申请文书，感兴趣的家长和孩子可以借鉴和参考。

MIT 申请文书（两篇）

Tell us about the most significant challenge you've faced or something important that didn't go according to plan. How did you manage the situation?(*) (200–250 words)

Last summer I embarked on a week-long canoe trip through Algonquin Park. I was looking for fresh air, beautiful scenery, and an adventure. Instead, I found vicious mosquitoes, tedious paddling, and torturous portages. Finishing the trip became one of the greatest challenges I have faced.

I could have quit at any time. Two things stopped me. I refused to let my teammates down and sometimes, I can just be stubborn. So, as Dory from Finding Nemo would advise, I "just kept swimming."

To help me push through, I tried to find distractions.

I constantly applied bug repellent and Afterbite.

I mentally recited pi in time with my paddling and tried to calculate the number of digits I had memorized.

I threw myself into group singalongs.

If there was absolutely nothing else to do, I would search for new wildlife or count trees.

On dreary portages, I would try to ignore the canoe on my shoulders and admire the flowers by the trail.

In the end, I persevered and I survived. I came out wiser and more experienced. I made new friends and encountered a whole new world.

Would I go again? Likely not! I don't need to. Like any other horror story, it can be told over and over again. (210)

No admission application can meet the needs of every individual. If you think additional information or material will give us a more thorough impression of you, please respond below.

MIT and Me

I had considered MIT early on but the idea of actually applying made me nervous.

My parents and I visited MIT during the summer just before ninth grade. Instantly, the energetic atmosphere and diverse architecture excited me. I loved the wacky and futuristic image of the Stata Building and the powerful yet calming nature of the Great

Dome. The underground tunnels and the tradition of hacking both intrigued me. Still, MIT's reputation intimidated me.

That changed in tenth grade during Math Prize for Girls. I stayed overnight at MIT, enjoying the inclusive hospitality of the students on the floor. I met other enthusiastic contestants, an experience that could only happen at MIT. (I am usually the only girl in my extracurricular math classes). However, my score that year disappointed me. Was I MIT material, I wondered?

I returned to the contest two more times. With each visit I felt my confidence grow and with it, my determination to attend MIT. Far from intimidating, MIT became welcoming. I attended open classes, met the head of the math department, and talked to professors who offered suggestions for further study. When I returned in September 2015 for my last contest, it was almost like coming home.

I will be back at MIT again this February. This will be a journey of many firsts. For the first time, I will participate in the Harvard-MIT Math Tournament. For the first time, I will be traveling without my family. Instead I will be leading a team composed of members from across the Greater Toronto Area.

This is my last year to compete in HMMT and Math Prize for Girls, but I hope to come back to MIT and volunteer at these contests, encouraging other young women considering math. MIT's energy, its excellence, and my experiences there convince me that it is the place where I can challenge myself beyond all my previous expectations.

(315)

第十章 剑指长空

——在杭州长大,在 MIT 成熟

周骏健

周东亮（Leo）出生于中国浙江省杭州市。这个城市拥有五千年的良渚文化历史，是中国七大古都之一，自古以"西湖名胜，人间天堂"闻名遐迩。

东亮从小聪明伶俐、人见人爱，从小学到高中一直是德、智、体全面发展的好学生。他创建了浙江省第一家校园击剑俱乐部，首次引进全美数学竞赛（American Mathematics Competition, 简称AMC）和美国数学邀请赛（American Invitational Mathematics Examination，简称AIME）在杭州落地开考。他高中二年级赴美国高中留学，插班十一年级，期间代表学校参加校际、州际的多个数学竞赛，取得了十分优异的成绩，获得多个奖项。

从美国高中毕业后，他被MIT录取。大学毕业后，进入花旗集团工作。不久后，去美国卡内基·梅隆大学攻读计算机硕士。之后又加入谷歌公司，在美国东部生活、学习了8年，又来到西部硅谷，开始了他的人生新征程……

第十章
剑指长空 ——在杭州长大，在MIT成熟

一、无忧无虑的童年

◎ **小学开始参加数学竞赛，打好基础**

在小学阶段，数学一直是东亮的强项。小学五年级时，他初次参加第九届全国"华罗庚金杯"少年数学邀请赛，获得二等奖。那时他还没进入专门的数学培训班学习。

此后，东亮妈妈在和家长们的交流中得到一个信息：全杭州数学成绩最好的尖子生都在那个最有名的"徐家私塾"学习奥数竞赛课！这时候东亮已经上六年级了，而其他同学早在四年级时就已经开始学习了。我们立即找到徐老师报名，并答应如果东亮跟不上学习进度就退学等条件（因为想去的同学实在太多，徐老师没法满足所有同学的要求）。经过测试，东亮被分到进度中等的班级。好在东亮很争气，不但没有被要求退学，而且在第一次上课结束后，徐老师就让他直接转到进度最快的那个班去上课。

此后，每周一晚上东亮都要去"徐家私塾"，和来自各个学校的数学尖子生一起上课。一年以后，他参加了第十届全国"华罗庚金杯"少年数学邀请赛，获得了全国一等奖。

在"徐家私塾"的数学学习，使东亮的数学基础更加扎实。和他同时期在徐老师那里上课的同班同学们，后来都进入了杭州最好的学校，他们在年级里的数学成绩也是遥遥领先。

二、初中时期——全面发展，保送顶级高中

◎ 建兰中学——杭州最好的中学之一

小学的基础好，毕业时也就顺理成章地升入杭州市最好的初中之一——杭州市建兰中学。

初中阶段，东亮延续了小学时期的风格，在班级里他的各门功课成绩总是名列前茅；还担任了班级的学习委员、课代表和团支部书记。

在初中三年里，东亮在校内、校外收获了多种奖项和荣誉。

七年级：学校第三届校级"银兰奖"；"七年级学习榜眼"；校级"三好学生""优秀班干部"；"学习积极分子"；第十一届全国"华罗庚金杯"少年数学邀请赛决赛一等奖；浙江省少工委"省地球小卫士"；"校级探花"；杭州市中学生计算机操作考核初级合格证书；杭州市中学生初级英语口试合格证书。

八年级："校级状元"；"上城区数学竞赛初二组"一等奖；"初二英语综合能力竞赛"一等奖；"语文古诗词竞赛"三等奖；校级"优秀团员"；校级"三好学生"；上城区"三好学生"；第四届校级"银兰奖"；"网络应用能力竞赛"第四名；第一届"勇敢者的游戏"学习竞赛中获"领军集团"第一名；"杭州市初中数学竞赛"上城区优胜奖；"优秀团员"；"团支部工作先进个人"。

九年级：年级学力测试"百强学生"；"上城区数学竞赛"初三组一等奖；"三好学生"；"优秀团员"；"杭州市初中数学竞赛"一等奖；"全国初中数学竞赛"二等奖。

东亮不仅学习成绩好，也非常乐意做老师的小助手。因为他数学成绩突出，并乐于帮助其他同学，所以，数学老师就请他为同学们答疑解惑，大家都反映东

亮的解答简单易懂、清楚明白。

◎ 初遇击剑运动

初中一年级时，一个偶然的机会，东亮接触到了击剑运动。当时在杭州有一家非常新潮、我们从未接触过的"击剑俱乐部"。东亮同学的妈妈买了一个"击剑俱乐部"的套餐票，邀请东亮去玩了一次。意想不到的是，他迅速喜欢上了这个运动，从此一发而不可收。他在杭二中读高中时，发起成立了浙江省第一个中学击剑俱乐部，并参加全国击剑冠军赛总决赛。在美国纽约的迈斯特高中（The Masters School）时，他是校击剑队队员。在 MIT 本科 4 年期间，他也一直是校击剑队队员。

东亮在回顾击剑运动带给他的收获时，他说："我感觉击剑运动，一是运动量足够大；二是讲究精准搏击和心手合一；三是姿态优雅。当时练习击剑，从没想过这项运动会对我今后去美国读大学有什么帮助，纯粹是为了自己的爱好，就这样多年如一日地坚持下来。没想到后来申请美国大学时，这个特长竟成为我的一大亮点。"

三、国内高中两年——打好坚实的理科基础

◎ 从数学竞赛转向物理竞赛

浙江省杭州第二中学，简称"杭二中"，是浙江省最好的高中之一。初中毕业时，东亮在全年级 570 余名同学中排名第 13 位，也就是全年级成绩排名前 2.3%，毫无悬念地得到了保送杭二中的资格，实现了他的理想。

暑假前，杭二中通知当年入学的新生报名参加暑期培训班。当时，东亮已经

提前报名了社会培训机构举办的暑期英语培训班,所以就没有参加杭二中的暑期培训班。开学时,600余名新生被分配到12个班级。东亮被分到了高一(三)班,即普通班。而他看到不少小学、初中时一起参加竞赛的尖子生都去了高一(七)班,即实验班。我们觉得很纳闷,东亮从小学阶段就开始参加奥数培训和竞赛;五年级时首次参加第九届全国"华罗庚金杯"少年数学邀请赛,并获得了全国二等奖,小学六年级和初中一年级连续参加两届该赛事,都是全国一等奖,为什么就没能进实验班呢?后来我们才知道:当初的新生暑期培训班,实际就是摸底测验,筛选出成绩优秀、竞赛获奖有潜力的学生到实验班,而其他的同学就被分配到各个普通班了。

就在此时,学校实验班的班主任钟老师打来电话,他在学生档案中了解到东亮的情况,认为像他数学基础那么好的同学,应该参加物理竞赛培训,争取获得全国一等奖,可以直接保送北大、清华。

这真是一个好消息!钟老师是浙江省大名鼎鼎的物理竞赛培训老师,很多物理竞赛的教材是由他主编的。

于是,东亮改换门庭,投奔钟老师的物理竞赛培训班。钟老师讲课简明扼要,十分有效。他还特地聘请专于物理实验的曹老师作为实验指导老师。物理竞赛培训班的学生不需要上平时的物理课,这个时间他们在实验室自学物理竞赛内容,节假日他们也会被安排集训课程。

◎ 创建全省首家校园击剑俱乐部

东亮很快就完全适应了高中的学习与生活,在紧张而有节奏的学习同时,他对体育活动继续保持着浓厚的兴趣,丝毫不放松锻炼,这非常符合杭二中的校训:文明其精神,野蛮其体魄。

第十章
剑指长空——在杭州长大，在 MIT 成熟

上了高中，东亮小学、初中一直坚持的击剑训练的节奏被打乱了。因为高中是寄宿制，他只有每周六和周日的白天才能回家。如果他放弃击剑训练就太可惜了，也不符合"喜欢做，就要坚持"的初心；如果他继续击剑训练，学校和击剑馆相距甚远，在学校期间去击剑馆训练完全是不可能的事。

我们经过冥思苦想，决定找击剑馆的主任商量。东亮爸爸表示：像击剑这样高雅的体育运动，应该在杭州得到更大的发展，让更多的孩子了解击剑、喜欢击剑。杭二中是杭州市甚至全省最有名望的高中，如果由东亮在杭二中组建一个击剑俱乐部，既符合学校的办学理念，又可以让更多的学生加入俱乐部，扩大击剑运动的队伍。借力杭二中的名校效应，为更多的初中、高中学校树立榜样，击剑运动在杭州，乃至浙江会有更大的社会影响力。主任听了这个建议，举双手赞成，并全力支持，他非常希望这个想法能够成为现实。他表示：只要学校能提供合适的场地，击剑馆就可以提供剑道、计分器、重剑、击剑服等器械的采购渠道，指派教练去学校免费授课。由于击剑馆经济效益不好，无法提供资金支持，东亮爸爸决定自己投入资金，支持东亮把这个想法付诸实践。

有了击剑馆的专业支持，学校同意在体育馆的体能健身房楼层，辟出专门的场地作为击剑馆。

开馆在即：东亮负责起草成立杭二中击剑俱乐部的倡议书，招兵买马，组建筹备小组，招募首期学员；东亮爸爸负责采购器械，改建场地，搭建器械储藏室……

经过3个月的紧张筹建，在2008年12月初，浙江省的第一个校园击剑俱乐部——杭二中击剑俱乐部成立了！

对击剑运动感兴趣的同学大有人在，但高中的学习又非常紧张，怎样才能让对这项运动感兴趣的同学们如愿以偿呢？于是，东亮向学校教学处提交了一个报

告：请求把击剑课列为学校的选修课程之一。学校领导认为这是一个不错的建议，但是，教练怎么解决？课程怎么设置？他们希望东亮拿出完善的解决方案。

东亮与击剑馆主任商量后，提出了一个方案：杭二中击剑俱乐部作为杭州倚天击剑俱乐部的训练基地；每周两天下午，由倚天击剑俱乐部教练到学校担任任课老师；同学们自愿报名参加，并交纳一定的训练费用。由于击剑课被列入学校的选修课程，时间上有了保证，杭二中的击剑运动开展得有声有色。击剑队的同学们腋下夹着头盔，手提宝剑，身穿雪白的击剑服，走在绿荫葱葱的校园里，这成为杭二中一道亮丽而独特的风景线。创建击剑俱乐部，使东亮的组织能力和协调能力得到了锻炼和提高，增强了他应对各种意外情况的自信心。

在2008年的全国击剑冠军赛总决赛上，东亮作为浙江省击剑队代表之一参加了比赛，取得了全国个人排名第96名的好成绩。这次国家级的专业比赛是东亮的宝贵经历，也是他后来在大学申请中个人陈述的重要素材。东亮的申请作文，就是描写了其中一场比赛中最后决胜一剑的心路历程，以此展现了自己在强大的心理压力下，仍能理智分析并高效执行的特质，从而赢得了招生官的青睐，他写道：

在面罩下，我只能听见自己的呼吸声，沉重而深长。汗水从前额滑落，但我的手掌依然无比干燥。上百位观众注视着我，而我的注意力只集中在我的对手身上。

那是我第一次参加全国性的击剑比赛，眼看着3分钟的比赛时间只剩30秒了，我神经紧绷，全神贯注。根据比赛规则，先得到5分一方便能取得胜利，而当时我以4∶3领先。如果我可以保持这个优势，胜利将属于我。那一刻我放弃了进攻，采取了教练预先教我的防守策略。

只要再坚持30秒就能赢了，此刻，于我而言，30秒从未如此漫长。

第十章
剑指长空——在杭州长大，在 MIT 成熟

……3、2、1……我一边倒数着，一边后退着，以便拉开对手与我的距离。0！比赛终于结束了！我赢了！

正当我转头看向时钟的时候，笑容却瞬间僵硬：我，错算了时间。

比赛还剩下 2 秒钟，而这 2 秒钟足以让一位优秀的击剑运动员做出逆转性反击。

对手的剑刃一闪，落在了我的胳膊上，得分。

为什么在对手暴露出明显弱点的时候，我居然放弃了进攻？为什么我竟在最后一刻卸下了防备？

比赛进入了加时赛：一分钟决一剑，不给我任何后悔的时间和余地。

此时此刻，是进攻还是防守呢？

相较于力量和技术而言，击剑是一项更需要智慧的战斗。一名出色的击剑运动员，需要的不仅仅是漂亮的技巧，同时也需要极其清醒的头脑和冷静的判断力。这正是我如此热爱击剑运动的原因。此外，数学竞赛同样需要在强压下保持清晰、冷静的思维。但我从未在数学竞赛中感受到压力。即使考试结束的时间快到了，我依然可以集中精力，根据自己的思维模式分析并解决问题。多年来练就的冷静和判断力帮助我在一次又一次的数学竞赛中获胜。那此刻，何尝不可？

我决定在最后关头强势进攻。我的佯攻紧逼和弓步迫使对手只能选择防守反击。终于，我看到了他的漏洞！我抓住了这个机会，打出了坚定的弓步。

得分！比赛结束！我甩开面罩，汗水浸湿了头发，布满汗珠的脸上绽放出的笑容，足以向对我投来赞许目光的观众们流露我的喜悦和

激动。然而，我的目光已锁定在下一次比赛上。

冷静，强压下的优雅，面对新挑战的笃定，还有对自身实力的确信，这些都是通往成功的不二法门。拥有这些之后，我需要的只是：战斗到最后一刻，决不罢休。

◎ 发起英语学习社

在新学期开学之前，东亮就已经在筹划如何加强英语学习了。开学前夕，他和另一名同学联名向学校提交了"成立杭二中英语学习社"的倡议书。

倡议书中拟订了明确的学习内容：①英美名著和文章选读。其目的是让同学们通过阅读名著，拓展知识面，增加词汇量，提高英语阅读水平。②中国高考英语词汇的"说文解字"。目的是让同学们掌握英语的词根、词源等记忆技巧，提高学习兴趣，快速掌握高考所需的词汇。

他们还设定了学习时间：考虑高一、高二和高三各年级平时下课时间的不同，活动安排在每周日下午晚饭前的14：30~17：00，保证了各年级的同学都可以参加活动，同时不影响晚饭后的晚自习。

◎ 引进 AMC 和 AIME

对东亮来说，杭二中根据教学大纲的课程学习不太紧张，他还有不少余力。如何在学习上有更多的收获，是东亮一直在寻找的方向。

东亮爸爸有一位在美国纽约市教育局工作的朋友，他长期从事中英双语教育，从他那里获悉：美国中学生也有很大规模的数学竞赛——AMC 和 AIME，是由美国数学协会直属的专业委员会举办的美国中学数学竞赛。每年在北美地区正式登记应试的学生超过60万人，在全球参加同步考试的还有来自加拿大、新加坡、日本、法国、中国（含香港和台湾）等20多个国家和地区的学生，是世界

第十章
剑指长空——在杭州长大，在MIT成熟

上信度和频度最高的中学数学学科竞赛。AMC从试题研发、命题到统一阅卷等工作，全部由专家、学者组成的委员会负责。委员会成员皆来自全美一流学府，如MIT、哈佛大学、普林斯顿大学等。

东亮得知这个信息后，马上把眼光聚焦在如何将此竞赛引进杭州。数学本就是东亮的强项，如能把AMC、AIME引进到杭二中设立考点，那是多好的机会！于是他马上向杭二中叶校长以及教务处、学生处的负责老师报告，得到首肯后，立即开始各项准备工作。首先与美国数学学会联系，介绍杭二中的概况，要求在杭二中设立AMC和AIME的考场开考。得到美国数学学会的同意后，又在杭二中校内和其他杭州排名前几位的学校启动宣传报名工作。

经过几个月的紧张筹备，2009年2月，杭二中考点与全球众多考点同步，如期进行了AMC12的考试。东亮参加了考试，并且取得了优秀的成绩。在杭二中考场参加考试的学生共有249名，其中成绩优秀的晋级参加下一轮AIME的有69名：36名为高一学生，33名为高二学生。美国数学学会为他们颁发了奖状，以示鼓励。

2009年3月，在杭二中考场进行了AIME的第二轮考试。参加考试的学生共有67名，其中AMC成绩和AIME成绩换算后相加总分在201分（含）以上的，获得美国奥林匹克数学国家队集训资格。杭二中共有19名同学取得集训资格，其中东亮和其他5名同学是高一学生，另13名同学是高二年级或高三年级的学生。这一年，杭二中的成绩在中国参加此竞赛的高中学校中排名前10。

两轮竞赛考试的评分结果出来后，东亮以高一年级的程度获得AMC12B成绩111分（满分为150分），AIME成绩9分（满分为15分）。

2010年，东亮报名再战。这一年竞赛考试的全球统计情况为：参赛学校为

5593 所，参赛人数为 107905 人；AIME 复赛资格分数线是 88.5 分，取得资格者有 4874 人。东亮的排名为：AMC12A 成绩 135 分（满分为 150 分），全球第 19 名，中国第 4 名；AIME 成绩 14 分（满分为 15 分），全球第 6 名，也就是全球 4874 名参加 AIME 复赛的同学中，排名第 6 位。这时候，他上高中二年级。

◎ 中途转学——大胆而极具挑战性的决定

东亮用一年的时间学完了高中三年的全部物理课程。高一暑假，他参加了钟老师在浙江大学紫金港校园里两个月的封闭培训，一心备战全国中学生物理竞赛。浙江大学的物理竞赛培训分别由专长于物理各个领域的讲师讲解其强项。整个培训课程非常系统，这得益于大学完备的实验室，每位学生都亲自操作各项实验。

高二新学期开学不久的 11 月，竞赛成绩公布了：东亮获得了"第 26 届全国中学生物理竞赛"二等奖。从数学竞赛转向物理竞赛只有一年时间，获得二等奖也已经是很不错的成绩了。但是，按照高考的保送政策，只有获得一等奖的选手才有保送北大、清华的资格。

那么，问题就来了：东亮是继续在竞赛的道路上走下去，争取获得一等奖，拿到保送资格？还是另辟蹊径，寻找名校升学之路？

在这个关键时刻，东亮爸爸做出了一个大胆的"二选一"方案：东亮可以选择继续竞赛，争取获得好成绩保送北大、清华；也可以选择提前去美国留学，申请美国高中插班学习，争取在美国申请世界名校。

东亮和我们商量后很快做出决定：不再继续走通过物理竞赛争取保送北大、清华的路。中止杭二中的学习，转学去美国读高中，直接冲刺世界名校！

做出这样的决定，看似突然，但并非是东亮爸爸的一时兴起、心血来潮。东亮的家人多有国际化的背景，东亮长大后到国外留学也是计划之中的，只是原来

第十章
剑指长空——在杭州长大，在 MIT 成熟

的规划是先在国内好的大学读本科，毕业后申请美国或其他国家的大学，攻读硕士研究生和博士研究生。东亮提前一年读小学，比同班的大部分同学要小一岁，但他已经有短期的国外生活体验。

我们早有让东亮出国留学的思想准备，在面临两条道路的分岔口，提出了留学计划提前的方案。但我们担心孩子还小，父母不在身边，他独自一人到完全陌生的环境中，能否适应美国高中的学习节奏？能否应对生活方面的各种困难？

最后，东亮做出决定：放弃在国内读大学，转学去美国继续高中学习，并申请美国大学。

方向定了，接下来的准备工作主要包括托福、SSAT 和选学校。

东亮在短时间内考完了 SSAT 和托福，达到了留学美国高中的学科要求和英语成绩要求。开始申请学校了，我们根据咨询顾问的意见，查询、比较网上的信息，确定了申请的学校。其中位于纽约州的迈斯特中学（The Masters School）是一所寄宿制高中，在美国高中排名前 20，前一年应届毕业生的 SAT 平均分数达 2000 分以上（当时的 SAT 满分 2400 分），这所学校十分难进。令人意外的是，这所学校决定录取东亮插班十一年级了！

东亮之所以喜欢迈斯特中学，有两个原因：一是它距离纽约很近，又是一个相对独立的小镇，既方便生活，也可以安静地学习；二是这所学校的传统体育强项是击剑，他可以继续自己的兴趣爱好，发挥自己的强项。

东亮利用暑假时间参加了美国常春藤名校——宾夕法尼亚大学的夏令营，这有助于提高他的英语水平，对后来申请高中、大学都是一个很好的历练。长达一个月的夏令营学习生活，对东亮来说是一个非常好的锻炼机会和实战演习。他独自乘坐国际航班飞往美国，和数百名来自世界各国的学生共同学习，参加学校组

织的各项活动，学生之间使用英语进行交流。

四、美国高中——冲刺世界名校前的炼狱

◎ 快速适应美国高中的学习——艰难的过程

2010年8月下旬，东亮结束了在杭二中两年的高中学习生活，只身到纽约郊区的迈斯特中学，开始了他的美国高中十一年级的学习。

美国私立寄宿制学校的教学与国内高中有太多的不同。学校采用特色的圆桌授课方式。课堂上通常约有10位学生和一位老师，大家围坐在一张长圆桌进行讨论。学生提问和讨论互动是课堂的主要部分。为了上好一节课，学生们要提前到学校图书馆查阅、细读几十页的资料。如果学生们没有充分的准备，到了课堂上他们是没办法"蒙混过关"的。

学校对学生的课程选择有很多要求。有必修课，也有选修课。必修课除数学、物理、化学等理工科课程外，还包含世界历史、美国历史、世界宗教史、公开演讲等课程。内容繁多，且涉及很多非常用的英语词汇，对初到美国的留学生而言是不小的挑战。选修课的数量多达上百门，如何选择既符合学校对总学分的要求、自己又喜欢的选修课程，也让东亮颇费心思。选修课程中，那些具有挑战性、难度高的课程对申请大学起到十分重要的作用。大学招生官会根据学生高中阶段选课的难易程度，评估学生的学习能力和应对挑战的承受能力。所以，仅仅选那些自己擅长的、难度不高、容易拿高分的课程，对申请大学绝对是不利的。选择难度不高的课程，即使有再高的考试分数，也远不如选择那些具有挑战性的高难度课程，这些课程更能体现学生的毅力和能力。

第十章
剑指长空——在杭州长大，在MIT成熟

东亮在文科课程上面花费了大量的时间和精力，如美国历史、世界历史、世界宗教史、英美文学等。东亮在国内没有接触过这些课程，对于初到美国的他来说，确实是很大的挑战。为了申请名校，他必须各门功课都要拿到高分。

东亮插班美国高中十一年级，从9月开学到第二年暑假，只有不到一年的时间。十二年级开学不久，就要提交大学申请的所有材料。这意味着，东亮十一年级的各科学习成绩就是他申请美国大学时的基本成绩。后来回想起来，去美国高中插班读十一年级，对东亮来说，真是一个极大的挑战！

他在国内初高中积累的数学知识和竞赛能力发挥出了很大的优势。开学不久，东亮的各科学习成绩就得到了学校老师的肯定，他重新调整了需要上的课程，将AP微积分课程调整为对中国学生相对陌生的AP统计课程。

负责数学竞赛的老师非常赏识东亮的解题风格和能力，主动邀请他一同辅导数学竞赛小组。物理课的情况也十分类似。在课堂上，老师经常请东亮分享和讲解知识点与解题技巧。还帮助东亮报名参加了美国高中物理竞赛。在学校没有开设最高级AP物理C课程的情况下，老师在考察东亮相关知识点后，允许他直接参加考试。

在国内时，化学课不是东亮的强项。但是，在AP化学老师的指导下，他弥补了之前的知识弱点，在十二年级开设的大学有机化学选修课上，得到了老师的高度评价。

一年以后，东亮向老师报告：学校的所有必修课和选修课中，已经没有更高级的数学课程可以选择了，怎么办？此时，由学校出面联系，推荐东亮去位于纽约曼哈顿的哥伦比亚大学作为访问学生，选修大学数学课程。

在整个十二年级，东亮每周两次从学校乘坐近一个小时的火车，去位于纽约曼哈顿的哥伦比亚大学，与大学生一起上数学课。

在东亮所参加的各类数学竞赛中，比较特别的是美国高中生数学建模竞赛。不同于传统的数学竞赛，该竞赛是一个持续14个小时的综合性比赛。参赛者以5人左右为团队，在指定时间内回答一个开放性问题。从清晨接到论题到夜晚递交论文，在这14个小时里，考验的不仅是参赛者的数学水平，还有时间安排、团队协作、写作水平等的综合表现。2011年，该竞赛的主题是研究当前鲍威尔湖的干涸情况对胡佛大坝的发电及其流域经济的影响。东亮作为参赛的校队队长，负责制订参赛计划，团队分工，发挥团队成员的特长。他既要确保在规定的14个小时内完成建模和写作，还要考虑如何发挥团队的最高水平，拿出最佳的成绩。团队成员通过查阅文献资料、建立数学模型、编写程序等一系列工作之后，终于按时递交了一篇论文。

东亮参加的校击剑队，周一到周五每天下午训练两个小时，由曾经获得西班牙全国击剑冠军的体育老师担任教练。校击剑队平均每周都有两次校际比赛，经常要去其他学校客场比赛。这样的训练和比赛，东亮一直坚持了整整两年。

除校击剑队的训练和比赛外，东亮在学校田径队的比赛中，也多次获得联盟奖牌。

在迈斯特中学两年的留学生活中，东亮参加了校内外各科目的各项竞赛，并获得了以下奖项：

- 中国全国中学生物理竞赛二等奖；
- 连续4年获得美国数学奥林匹克参赛资格；
- 连续3年获得美国数学奥林匹克国家队选拔资格；
- 美国高中生数学建模竞赛校队队长，半决赛入围；
- 2012"物理杯"美国高中物理竞赛半决赛入围；

- 劳伦斯·D.霍普金斯奖和数学杰出奖。

◎ **重要的战略决策——正确选择申请大学**

从高中十一年级暑期就要准备申请美国大学的各种材料，高中十二年级新学期开学就要陆续向心仪的大学提交，大学一般在 12 月份截止申请。

学校给每位学生都指定升学指导老师。各个大学的招生办公室负责人也会轮流到学校开展有关该校招生的信息说明会。学生可以申请利用假期去不同的大学进行实地考察。

美国高中学校的升学指导老师是非常重要的，他们有着高度的专业水平和丰富的工作经验，既对美国各个大学的招生状况和要求了如指掌，又非常清楚学生在高中阶段的学习情况。他们有的放矢地指导学生扬长避短，选择理想的大学。

我们花费了大量的时间和精力，想方设法地了解美国大学的情况后，和东亮商拟了一份申请大学名单。学校的升学指导老师看了以后，强烈建议东亮在申请大学的名单中加上 MIT 和杜克大学——当然，如果东亮本人也喜欢这两所大学的话。

最后，我们决定相信老师的判断，在大学申请名单中换掉了其他的大学，增加了 MIT 和杜克大学。

十二年级新学期开学不久的 11 月份，东亮向各个拟申请的大学递交了申请材料。

每年的 3 月 14 日，是 MIT 发布本科新生录取榜单的日子，这一天被称为"π day"（圆周率日）。2012 年的 3 月 14 日，东亮被 MIT 录取了！

东亮又陆续收到杜克大学、密歇根大学安娜堡分校、加州大学洛杉矶分校、威斯康星大学麦迪逊分校等的录取通知，其惊喜程度也就大打折扣——谢绝其他大学的邀请，直奔 MIT 当然是不二之选。

东亮为什么能被 MIT 录取？原因可能有以下几点：在美国读高中期间，他一直坚持参加数学、物理方面的学科竞赛，并且取得了非常好的成绩，这样的学科竞赛实力，是MIT非常看重的学习能力，这是学科实力的表现；他是学校击剑队的主要成员，每天坚持练剑，在社团活动、体育运动方面也有很好的表现，这是意志力的展现；他既接受过中国中学教育，也经历过美国高中的熏陶，天然带有一种跨文化融入的能力，这是多元文化的体现。

五、圆梦麻省理工学院——受益终生的人生经历

◎ 本科专业的选择很重要

MIT的课程难度之高是十分有名的。美国某知名杂志曾经发表过一篇调查报告，公布了一份"全美国最难读的50所大学排行榜"，MIT当仁不让地排在首位。

进入MIT的同学都有一个必须做的"三选二"的功课：在学习、睡眠和社交三个方面，只能选其中两项。

东亮有一位同样来自杭州的学姐，在学校三年时间，取得了两个本科学位和一个硕士研究生学位——她选择了牺牲睡眠。

MIT开设上千门课程，令人眼花缭乱，如何选课是一门大学问。既要选择自己感兴趣、与自己的知识程度相匹配的课程，不能盲目从众，因为在这样的大学里，同学们的能力、背景和目标追求都不尽相同；还要符合学校的学分和课程分配要求——即使是理工科专业，也必须选满8门人文类的课程，如音乐、艺术、社会科学等。那些很多同学都想选的热门课程，在学校网站选课开放的第一时间就要"抢"。下手稍慢一点儿，名额满了，就只能重新选课。在重选课程时，又要同时考虑文理、学分、专业兴趣、时间的平衡，最终确定一个学期的整体课程安排。

◎ 学习再忙，也不能废了体育运动

MIT 非常重视学生的体育运动，要求本科学生在 4 年内体育修满 8 个学分（平均每学期一门体育课 2 个学分），并且必须通过游泳测试。MIT 会给学会了击剑、射箭、射击和帆船 4 个项目的同学颁发"海盗证书"——这可是一个值得炫耀的资本。

东亮凭借多年练就的击剑运动技能，光荣地成为学校击剑队的队员。他在本科 4 年期间，每周一到周五下午 5~7 点，雷打不动地训练两个小时。击剑队的主教练是奥运会殿军获得者。平均每个月有两次水平相当高的校际联赛，在联赛中经常能碰到奥林匹克运动会美国代表队的运动员。

◎ 暑期实习与工作方向直接相关

大一和大二的暑期，东亮在摩根士丹利和软银实习。大三的暑期，他应在花旗集团人力资源部门担任高管的校友之邀，报名参加了花旗集团总部的暑期实习，并将其作为本科毕业后的工作目标。经过笔试和几轮面试，他顺利地收到了录取通知。

暑期实习结束前的两个星期，花旗集团人力资源部门征求实习生的就业意向：如果明年毕业后愿意到花旗集团工作的，可以签订聘用合同，而且还有现金奖励！东亮毫不犹豫，马上签约。他毕业后的工作已经确定，整个大四只要集中精力学习，继续保持好的 GPA 成绩就可以了。

六、MIT—花旗—CMU—谷歌的成长轨迹

◎ 工作以后的感悟和体会

东亮从 MIT 以 GPA4.9（满分 5.0，Grade Point Average，简称 GPA，即平均

成绩点数）的高分成绩毕业后，如约到花旗集团报到，开始了他人生的第一份工作。

有一年前的实习经验，东亮很快适应了量化分析工程师的工作。在工作中他感到自己在本科阶段学到的知识并不完全适用于工作岗位，但是在本科阶段所培养出的逻辑思维和解决问题的方法与能力是工作中强有力的支持。

工作一段时间后，东亮又有了新的想法：在金融领域做模型、写算法以及所遇到的各种开发问题，激发了他想更深层次地了解计算机科学与软件工程的欲望。东亮在主修本科经济学专业课程的同时，也选修了相当数量的有关计算机课程，但与专业计算机课程的系统性学习还是有差距的。于是，东亮决定回学校攻读计算机软件工程硕士研究生。

有成功申请迈斯特中学和MIT的两次经验，申请硕士研究生，他已经经验丰富了。东亮要用不到两个月的时间准备GRE考试——记忆上万个英语单词，这是一个新的挑战。

拥有在MIT高难度、高强度学习的经验，对于如何高效率地学习，东亮胸有成竹。在学习上，再大的困难，他都是可以克服的！

申请研究生后，东亮陆续收到了MIT、哥伦比亚大学、纽约大学和卡内基·梅隆大学的录取通知。学习计算机软件，卡内基·梅隆大学是当然的首选。在卡内基·梅隆大学，东亮深切地体会到，全职工作后再参加硕士研究生课程的学习，对课程中的案例和知识点有了更深刻的理解。

◎ 完成学业，走上社会——人生新起点

兴趣是最好的老师。相对于继续读博士或做学术研究，东亮更愿意在实际工作中进一步提高专业水平和实际工作能力。

于是，在专业学习和课题研究的同时，东亮开始考虑合适的工作单位。就像

第十章
剑指长空——在杭州长大，在MIT成熟

在花旗集团的实习和工作经历一样，MIT 的校友资源体现出了巨大的优势——东亮本科时的室友已经在谷歌总部工作，他向集团人力资源部门提交了推荐东亮的信。经过初审及几轮面试的招聘程序后，双方顺利地签署了聘用合同。据说美国大公司除了每年进名校宣讲招聘以外，还有鼓励员工介绍、推荐优秀人才的制度，如果推荐成功，推荐人可以得到一笔不小的现金奖励。

回首东亮的求学之路，外人看起来一路顺利，但对家人和东亮自己来说，其中的酸甜苦辣会永远铭记在心。

在一个家庭里，母亲的作用是"心灵"，父亲的功能是"眼睛"。也就是说，母亲主要影响的是孩子的内心，让孩子内心充盈；父亲则要激发孩子的热情，引领孩子看向更广阔的外在世界。

关心孩子的综合素质培养。也许是因为东亮的天赋不错，他在学习方面，我们从来不太操心，没有参加各种各样的课外培训班。或许是他好奇探知的天性使然，他对数学、物理等课程充满了浓厚的兴趣，于是顺理成章地参加了很多相应的竞赛。

教育的重点是德育和体育，不论东亮在哪里，我们始终对东亮说得最多的是：一定要时刻注意保持自己的身心健康——身体健康和心理健康是人生最宝贵的财富。